CANTARES

A LA

LIBERTAD

Prólogo de Lain, autor de la saga Best Seller
"LA VOZ DE TU ALMA"

CANTARES

A LA

LIBERTAD

Porque vivir en libertad no significa serlo...

LIDIA VIVES

Título: *Cantares a la libertad*
© 2020, Lidia Vives

De la maquetación: 2020, Romeo Ediciones
Del diseño de la cubierta: 2020, Romeo Ediciones

Primera edición: abril 2020
ISBN-13: 978-84-18489-09-9

Impreso en España

PRÓLOGO

La vida nunca va a crecer más que en la medida en la que tú crezcas.

Cuando escuché esta frase la primera vez no la entendí del todo, porque se nos a enseñado a pensar en términos de crecimiento físico, pero no de crecimiento personal.

Cuando uno se da cuenta que conocerse a sí mismo es la cosa más importante del mundo, pues desde allí es que construimos nuestra personalidad y nuestras acciones que nos llevan a tener una vida u otra; entonces, de repente, el crecimiento personal está en el centro de su vida.

Si tú ya te diste cuenta de esto entonces estás en el lugar adecuado.

Las cosas no llegan a nuestras vidas por casualidad, sino por CAUSAlidad,
por sincronicidad, por principio de causa y efecto. Las cosas llegan a nuestras vidas por un propósito.

Por eso, si tienes este libro en tus manos significa algo. Significa que contiene las claves para ayudarte en tu evolución. ¡Aprovéchalo!

Gracias Lidia por escribirlo y a ti, amado lector, por leerlo.
Lain, autor de la Saga LA VOZ DE TU ALMA.
www.lavozdetualma.com

AGRADECIMIENTOS:

Todas las personas que se nos cruzan en el camino nos aportan grandes enseñanzas.

A ellas, a cada una de ellas, les agradezco su paso por mi vida.

Por ellos, soy ahora lo que soy, gracias de corazón por ser mis maestros.

El camino no ha hecho más que empezar.

A mi hijo, por entender, él también ha sido un maestro para mí, siempre serás mi vida.

Gracias.

TESTIMONIOS

Excelente relato el de lidia. Una historia que abrirá los ojos a mas de uno y una, además de sus corazones, el entendimiento de muchas emociones tanto propias como de los demás. Deseo que lo disfrutes.

Elena Lafuente.
Autora de Mejorar Sin Parar.

Lidia te muestra que detrás de un desafio esta la bendicionque no debes rendirte nunca e ir hacia tus sueños. Mary es una muchacha fuerte, soñadora y con una fuerza brutal, sabe lo que quiere en la vida y va con todo, una novela con muchos aprendizajes, dura en algunos aspectos, pero te zarandea para que despiertes y vayas a por tus sueños.

Pilar Lopez Diaz.
Autora de liberate y se ejemplo para tus hijos.

Cuando lei Cantares a la libertad, pude ir aprendiendo, al igual que la protagonista y reflexionando sobre como podemos enfrentarnos a nuestros miedos. La historia te mantiene en tensión, con ganas de descubrir siempre un poco mas y vivir la aventura que nos espera en Un Mundo Nuevo.

Javier Guerrero

Creo sinceramente, que es una historia sorprendente, que consigue que te sientas identificada con muchos sentimientos de la protagonista sin darte cuenta. Seguir su ejemplo nos ayuda a vencer ciertos miedos para asi encontrar la Felicidad.

Amanda Vives.

ÍNDICE

Capítulo 1. LOS SUEÑOS DE MARY 15

Capítulo 2. LAS VOCES 19

Capítulo 3. LOS SUEÑOS PERDIDOS DE MARY 25

Capítulo 4. SOBREVIVIR 31

Capítulo 5. DESTINOS CONCERTADOS 35

Capítulo 6. MALOS SUEÑOS 41

Capítulo 7. ESPERANZA DESPUÉS DE LA MUERTE 47

Capítulo 8. RESURGIR DE LOS SUEÑOS 51

Capítulo 9. PASIONES DESENCADENADAS 57

Capítulo 10. SUSANA PERDIDA 61

Capítulo 11 VENGANZAS 67

Capítulo 12. JUSTOS POR PECADORES 71

Capítulo 13. LA VUELTA A LA REALIDAD 75

Capítulo 14. ESPERANZA 79

Capítulo 15. ENCUENTROS 83

Capítulo 16. EL RETORNO A LA VIDA 87

Capítulo 17. HERMANOS Y RIVALES 93

Capítulo 18. CONFESIONES 97

Capítulo 19. REVELACIONES PARA DOS 105

Capítulo 20. EL RÍO, LOS OJOS, EL FUTURO 111

Capítulo 21. GREG 115

Capítulo 22. EL REGRESO 119

Capítulo 23. JOHN 123

Capítulo 24. SUSANA 127

Capítulo 25. VIVIENDO 133

Capítulo 26. DROG Y SU MUNDO. 137

Capítulo 27. BUSCANDO SOLUCIONES. 143

Capítulo 28. BUSCANDO SOLUCIONES. 147

Capítulo 29. PODERES SOBRENATURALES. 153

Capítulo 30. ESTADOS AVANZADOS 159

Capítulo 31. DROG DESESPERADO 163

Capítulo 32. LOS DESEOS DE JOHN 169

Capítulo 33. BUSCANDO SOLUCIONES. 173

Capítulo 34. EMPEZANDO LOS CAMBIOS 179

Capítulo 35. LO QUE DAS, TE SERÁ DADO 183

Capítulo 36. DESPERTAR A LA VERDAD 189

Capítulo 37. EL NACIMIENTO 193

Capítulo 38. EL DOLOR DE LO AMARGO. 197

LAIN, *LA VOZ DE TU ALMA*. 203

CAPÍTULO 1

LOS SUEÑOS DE MARY

Mary no era una niña cualquiera.

Bien lo sabían ya sus padres, a pesar de su temprana edad.

Nació en una época que no era la suya, no, no había nacido en buenos tiempos.

Aquel cuerpecito que se movía con fuerza entre una gente que no tenía ilusión por la vida, que cumplía con sus labores solo por sobrevivir.

Desentonaba entre ellos por sus ganas, por su energía, era una niña muy viva.

Ella, ya desde niña, sabía que no había nacido para sobrevivir, ella había venido al mundo para hacer algo más en la vida. No entendía todavía, pero veía a la gente arrastrarse día a día y deseaba algo más para ella, en su interior algo se lo decía.

Mary parecía, ya desde niña, alguien especial.

Sus instintos no eran quedarse en ese pueblo con esa gente.

Quería cumplir sueños, sus propios sueños, quería vivir su propia vida, esa vida que tanto soñaba.

Cumplir los sueños que se pasaba horas soñando.

En su mente un mundo de ilusiones se hacía torbellinos de alegría y esperanza y, a la vez, desilusión cuando volvía a la realidad de aquellos tiempos que parecían que habían salido de un libro antiguo, con gente que no conocía la ilusión de vivir con alegría y esperanza.

Y se perdía en sus adentros, fabricando su propia realidad, en un mundo nuevo lleno de esperanza y felicidad.

—¡Despierta, niña insensata! —le decía su madre con un cachete que hacía que su pelo dorado le cubriera su bonita cara de niña soñadora.

Y la regresaba a la realidad de un plumazo, volvía a la vida, su vida, la que tenía en su pueblo.

Era soñadora, sí, en una época en la que todas las mujeres tenían que ser sumisas y obedientes, nacidas para obedecer y servir.

Ellas siempre eran las más perjudicadas, ni su voz valía ni contaba con su presencia, eran sombras que servían a sus maridos. Y las casaban en muy temprana edad con acuerdos hechos por sus padres, sin tener en cuenta la opinión de las niñas, porque con quince años todavía eran niñas, para dejar de serlo y empezar a vivir una vida que no habían elegido ellas.

¡Oh! pero Mary no estaba dispuesta a que la vendieran, no decidirían por ella, ella había visto algo más grande en sus sueños, quería vivir la vida que tanto soñaba.

No negociarían con ella. Porque estaba claro que aquello era un negocio. Unos lo hacían por dinero, otros por quitarse una boca que alimentar y otros por buscar una criada que hiciera las labores de la casa y saciara sus instintos sin contar con ellas, en gustos, preferencias y mucho menos en su placer. Actuaban así por inercia, así lo habían visto hacer, así lo hacían,

así debía de ser. Nadie lo discutía, obedecían, así tenía que ser sin más.

Pero no era así para Mary, ella no se conformaría y quería más, más de la vida, más para ella, no iba a sobrevivir, no lo haría.

Mary soñaba con su placer en esos tiempos que, para una mujer, al parecer eso no existían. Ella lo había sentido en sus sueños como si fuera real y lo experimentaba en su cuerpo, lo hacía a escondidas, nadie sabía de sus sueños, nadie sabía que ella exploraba con su cuerpo y sus deseos, pero sí lo hacía y le gustaba, le hacía sentir libre y dueña de su cuerpo.

Se sonrojaba de placer y aquellos mofletes que eran pálidos por su delgadez se tornaban rosados, se tornaban vivos, en aquellos momentos se podía ver un brillo especial en su mirada.

Pero esos instintos que Mary tenía venían ya con sus sueños, lo descubrió con ellos, el placer de estar con su amado y disfrutar por ello, sin imposiciones.

Y ese brillo que le daba a su mirada, por los sueños soñados y la esperanza de lograrlos.

Brillo que notaban aquellos que con ella se imaginaban y la miraban con deseo, con aquellos ojos de lujuria que ella tanto odiaba.

Qué sensación de asco sentía ella al pasar calle abajo hasta llegar al río a lavar las ropas que su familia ensuciaba. Ella, como siempre, tenía que lavarlas. Por esas miradas que la seguían hasta perderla de vista, por ellas sabía que eso no lo quería en su vida, cada día se lo repetía, no con ellos, nunca con ellos.

Y esos hombres menos niños que se rozaban con la mano su miembro para sofocar los ardores provocados por el paso de ella, ninguno de ellos era hombre para Mary.

Pero esto también lo sabían ellos, todos lo veían, Mary no era como las demás, tal vez por eso despertaba muchos más deseos.

Claro, no era de extrañar, era bella ya de niña y se intuía a la perfección que de ese cuerpecito ahora sin formas saldría una gran mujer, con pechos firmes y cintura pequeña. Mary sería una belleza de mujer.

Aquellos sucios hombres se miraban entre ellos, deseando ser los afortunados de tan gran valiosa joya.

No, si Mary podía, no serían esos brutos y asquerosos salvajes los que explorarían su cuerpo, no, no iba a permitirlo, no lo haría jamás. No entraban ellos en sus sueños, no había cabida para ellos.

Sus días transcurrían casi rutinarios en ese pueblo que no contaría con más de trescientos habitantes, de los cuales solo habría seis o siete niños de su misma edad. Tampoco importaba, no había tiempo para juegos, no tenía casi tiempo para ella, ni tiempo de ser niña.

Y el tiempo pasaba y ella seguía con sus labores diarias que no disfrutaba en modo alguno haciéndolas, y eso se notaba y lo notaba su padre.

Los animales de la cuadra y las labores de la casa la mantenían todo el día ocupada.

Pero soñar, soñar se sueña despierta.

Y se evadía así del día a día para ocultar la realidad que allí vivía.

Y ese cachete que le daba su madre la hacía despertar para volver a la triste realidad y, de un plumazo, regresaba a ese pueblo, con esa gente, con esa vida que no era su vida, no la soñada.

Pero la vida continuaba y Mary intentaba, sin conseguirlo, cumplir con sus obligaciones, por lo menos para que la dejaran en paz y poder seguir ella con sus sueños.

LAS VOCES

Un día, en el río, mientras lavaba las ropas de su padre, cosa que por cierto le desagradaba bastante por el olor que desprendían, le recordaba al olor de aquellos cerdos que se rozaban sus miembros al verla pasar. Sí, era bien feo decirlo, pero su padre era igual que todos aquellos hombres que por allí vivían y ella bien lo sabía.

Ese día, una voz extraña y medio susurrando la llamo:

—Mary, Mary…

Mary no abrió los ojos, no quería despertar, era su sueño que hablaba, pensó ella.

—Mary, Mary…

Volvía a escuchar esta vez algo más fuerte, más áspera.

—¡¡¡Mary, despierta!!!

Y una fuerte sacudida la hizo volver a la realidad de un plumazo, otra vez de vuelta a la realidad.

Era su madre, como siempre, la sacaba de sus sueños a cachetes.

—¡Qué haces, niña insensata! No ves que va a anochecer y tú aquí sola y sin tener la ropa limpia. No vamos bien, Mary, o dejas esos sueños tuyos o no servirás para casarte con nadie, nadie te querrá, deja de soñar, son solo sueños.

Su madre se preocupaba por ella, un día ella también fue joven y tuvo sueños, de nada le habían servido, estaba justo donde no quería estar y en una vida que no quería tener.

No, los sueños no se cumplen, pensaba la madre ya resignada.

Que equivocada estaba su madre, la querían, claro que la querían, con los ojos se la comían. Se la quedaría cualquiera de ellos por bonita, no veían más allá, tampoco les importaba, con su belleza les bastaba, ya la enderezarían, si eso, después.

Su madre era una mujer de aspecto fuerte y con sobrepeso, que como todas las que por allí, con el tiempo, habían perdido su atractivo, porque ella sí lo tuvo.

Susana en sus tiempos fue una mujer bella, distinta a las de su pueblo, tenía algo especial, diferente en sus rasgos, de ella lo había heredado Mary.

"¿Qué sabría ella de sueños y de deseos?", pensaba Mary.

Claro, ella siempre la había conocido más bien triste e infeliz, ya sin sueños, dejó pronto de soñar y se dejó arrastrar por esa gente infeliz. Por eso Mary nunca pensó que su madre también había soñado un día, parecía imposible.

"¿Qué sabría ella de placeres prohibidos y de manos suaves acariciando su cuerpo?", seguía pensando Mary.

Jamás pensó Mary que su madre pudiera gozar, es más, sabía que no lo hacía, alguna vez la había escuchado en el silencio de la noche cuando su padre le exigía tener sexo. No, no había placer ni amor, ni cabía en la mente de la niña que su madre un día había sido joven y sentido deseos.

A ella, su madre, también la casaron de joven con un hombre que no se preocupó lo más mínimo en satisfacer sus necesidades, no contaban las suyas, solo las de él, ellos se preocupaban únicamente por ellos.

Que por lo menos, y para alivio de Susana, para la madre de Mary duraban no más de cinco minutos de sacudidas o, más bien, embestidas que parecían martillos clavando clavos en las rudas vigas del viejo establo, y ese aliento dándole en el cuello la hacía estremecer de asco más que de placer.

Pero claro, eran sumisas y tenían que obedecer, ese era su deber y se dejaban hacer y se sometían a lo que más que placer era una tortura. Lo hacían porque así debía ser, así se lo había enseñado su madre y ella a la suya, generación tras generación.

—Debes cumplir, Susana, tu marido debe de estar contento, son hombres y lo necesitan. Debes callar y obedecer.

Así pensaban ellas, las más afectadas y acataban, nada cambiaría pues.

A Mary todo esto no le iba a pasar.

Ella se lo repetía día tras día.

Cuando se escapaba a la pradera y se tendía en la fresca hierba y dejaba una vez más volar su imaginación era feliz, en esos momentos se sentía tan libre, esa libertad de poder decidir.

Ahí es donde aparecía él, en sus sueños, ahí es donde podía ella verlo claramente.

No tenía nada que ver con esta gente que ella conocía.

Era apuesto, fuerte, aunque no rudo, alto, pero no demasiado, su pelo también medio largo, negro, con ondas que se movían salvajemente, se dejaban caer por su frente y rozaban su nuca suavemente con la brisa que los acompañaba en ese día caluroso de verano.

Mary lo veía acercarse a ella despacio, suavemente, la miraba fijamente con deseo y ternura. Sí, podía ver en sus ojos negros algo que jamás vio en aquellos salvajes hombres de su pueblo.

¿Era él, tal vez, también un galán de otro tiempo, de otra época?, ¿era, tal vez, él también un soñador que quería los mismos sueños que ella?

No importaba eso ahora.

—¡Míralo! Es tan guapo… —Mary dejaba volar su imaginación… y vaya que volaba.

Y con ella, su mano que se metía entre sus piernas, se tocaba o… ¿era él? Ya no lo sabía, tampoco importaba, sentía placer y le gustaba y se recreaba, mientras su príncipe la envolvía en esos besos de ternura, en abrazos apasionados y susurros que le erizaban la piel.

Qué sensaciones, por Dios, qué era aquello que tan bien la hacía sentir y por qué nadie hablaba de eso en ese pueblo que ella habitaba.

Se estremecía de placer y ahogaba sus gritos en un silencio forzado que se convertía en susurros de promesas de una vida mejor.

Promesas que nunca llegaban.

Esas sensaciones que se desvanecían al despertar y, con ellas, su príncipe, que desaparecía con las brisas de esos atardeceres de verano que tanto la hacían sentir, por el calor que ahora sentía en su cuerpo, por la sensación de que era tan real todo lo que allí sucedía. Confundía realmente el sueño con la realidad, podría jurar que era él el que la tocaba, sentía su aliento y sus manos recorrer su cuerpo, lo sentía tan real.

Esa plenitud que recorría su piel y ahora se tornaba en una tristeza de anhelo, por lo que todavía no conocía, si no más que en sueños, pero sabía que quería eso, sin duda, en su vida.

Conocería ella aquello, tenía que hacerlo, no podía conformarse ya, como lo hacían las mujeres de su entorno, había visto algo más de lo que allí se veía y lo había sentido.

No, no se conformaría.

Al ponerse el sol corría desesperada a casa, estaría su padre esperando su cena, con su cara de enfado e insatisfacción, nada

le complacía. No había visto nunca ella una mínima sonrisa en ese rostro desfigurado por los años y el trabajo duro y, tal vez, por algún exceso que otro, por esas vidas que vivían que no eran las que querían.

Y la volvían a regañar como siempre.

Ellos estaban seriamente preocupados por Mary, su padre mayoritariamente, él sí que no entendía los sueños de Mary.

Él pensaba más en el negocio que podía realizar con ella, quién daría más por ella, o si el interesado podría aportar algo a la familia, ese era su interés.

Y, claro, veía que una niña tan soñadora no serviría para trabajar en el campo y hacer trabajos duros como hacían las otras. Pensaba que no estaba hecha para llevar siquiera una casa, como hacían las mujeres, ese era su deber y el de ella.

—Nadie nos dará nada por ella, se pasa todo el día soñando —decía su padre enfadado, pensando que tendría una boca más que alimentar toda su vida, y unas monedas menos que gastar.

—Es guapa —decía su madre—. Claro que la querrán, ¿no ves cómo la miran? Miedo me dan esas miradas descaradas.

"Guapa, decía, como que se comía o se sobrevivía de la belleza", pensaba él. A estas alturas de la vida a él solo le interesaba sobrevivir, nada de lo demás le importaba, todo había perdido su interés; bueno, no todo.

—Mujer insensata, mírate a ti cómo te has vuelto, nadie la querrá solo por su belleza, tendrá que trabajar más. La belleza es pasajera, si no tiene fuerza para trabajar y se centra en sus tareas no la querrán. Aquí buscamos mujeres que trabajen y lleven una casa, para otras cosas no haría falta casarse, para eso están los prostíbulos.

La madre, aunque la reñía, en sus adentros sentía lastima por ella, no porque no se casara, sino más bien lo contrario, Mary no era muchacha para estas vidas, ella valía mucho más que todos estos juntos.

Su Mary, tan bella, con uno de estos incultos hombres de campo, demasiado brutos, que no sabrían valorarla. Ella era especial entre gente simple. Pero eso solo lo sabía Susana...

Y sabía que, como mujer que era, no tenía muchas posibilidades... no en ese pueblo, se marchitaría su niña, como lo hizo ella.

—No te preocupes —le decía Susana a su esposo—, la obligaremos más a que trabaje, aprenderá, dejará de soñar, yo me ocupare, estate tranquilo.

Quería calmarlo, quería que se olvidara del tema, Mary no cambiaría jamás, ella lo sabía. Ojalá no lo hiciera, ese era su deseo.

Mary se sentía incomprendida, ella tampoco entendía qué le pasaba. Ella no había decidido ser así, ¿por qué no era como las demás niñas que obedecían y cumplían con sus deberes? Y que no soñaban...

¿Dónde estaban los sueños de las otras niñas?

Pero a ella le gustaba tanto, se sentía tan lejos de allí, tan viva, que no quería dejar de soñar.

Soñar, eso quería...y cumplir sus sueños.

Y no soñaba solo con príncipes que la hacían estremecer de placer, soñaba mucho más, soñaba cosas que a veces ni ella misma sabía que eran, eran sueños extraños que no podía explicar, era todo tan desconocido.

Soñaba con un mundo nuevo, con gente diferente y paisajes bellos. ¿De dónde habría sacado esa imaginación Mary?

Claramente no era una niña de esa época. Ni para ese pueblo.

CAPÍTULO 3

LOS SUEÑOS PERDIDOS DE MARY

Entre sus quehaceres, cada mañana Mary tenía que llevar los huevos de sus gallinas al hostal del pueblo, los vendían y así sacaban unas monedas, que bien les venían.

Una taberna que, si tenía clientes, era porque no había ninguna más en los pueblos de alrededor. El que quería beber o alojarse no tenía más remedio que ir allí.

No era nada confortable, la limpieza brillaba por su ausencia y el dueño, un tabernero de dientes negros que cada mañana, cuando la veía aparecer, hacía una mueca que parecía querer ser una sonrisa, que le daba a Mary más ganas de correr que de quedarse. No le gustaba para nada el tabernero.

Ella también podía verlo, esa mirada que le clavaba cada vez que la veía. Esos ojos de deseo hacia ella, esos ojos que la propia mujer del tabernero veía y agachaba la cabeza por pena o por miedo.

Miedo por Mary, miedo de esos deseos incontrolados que, bien sabía ella, tenía su marido hacia las niñas y pena, si algún día se atreviera a tocarla.

Su mujer, la del tabernero, sabía más de lo que decía y veía más de lo que parecía, pero callaba, el miedo la hacía callar.

De todos los trabajos que Mary tenía que hacer, este era el que peor le venía, no quería ir a esa taberna.

Detestaba a ese hombre y su mirada, detestaba como se acercaba a ella y, al entregarle los huevos, la rozaba descaradamente para sentir su piel fresca en esas manos sucias que la hacían apretar, a ella, los dientes de asco y repulsa. Nadie debería sentir esas sensaciones de asco en su piel y menos una niña.

Ese día iba a ser especial. No sabía ella, todavía, qué tan especial.

Al llegar Mary al hostal se encontró al tabernero solo, cosa extraña, solía estar siempre su mujer, se hacía la despistada y procuraba estar por allí, protegía a Mary.

Pero esa mañana, ya notó ella que algo iba a pasar.

—Pasa, Mary, pasa —le dijo él con esa mirada lasciva que tanto le aterraba a ella.

—Tengo mucha prisa, tengo mucho que hacer, solo quiero dejarle los huevos y me marcho corriendo a mi casa, mi padre me espera.

—No tengas prisa, entra, acércate, ¡estás muy guapa hoy!

Ella entró, lo hizo por cobardía, por miedo, quería correr y no lo hizo, el miedo la paralizó, obedeció y entro…

¿Qué le pasaba a sus piernas?, ¿por qué no obedecían? Ella quería correr y seguían ahí quietas.

—Tenía muchas ganas de verte hoy, niña, ¿no lo ves? Ven, acércate y lo notarás.

Y él, acariciándose el miembro con una mano, la tenía ya cogida con la otra a ella, y le puso su pequeña mano encima de aquello que abultaba entre las ropas sucias de ese sucio hombre que ella tanto detestaba.

Soltó la cesta, los huevos se derramaron por el suelo, estaba aterrada, ni tan siquiera le salía la voz.

Nada le importaba a él, estaba ciego de deseo.

La apretó fuertemente hacia él, olía a alcohol, estaba borracho, eso lo hacía más sucio y detestable si cabía.

El pánico se apodero de Mary… quería correr y no se movió, se quedó quieta como un bloque de hielo, aterrada, desconcertada.

Él deslizó sus sucias manos por sus pequeños pechos, inocentes y los apretó sin miramiento. Esos pechos vírgenes de otras manos y la apretó contra la mesa de la taberna, le levantó el vestido torpemente y, sin piedad, abusó de ella. Sin ninguna piedad, la había penetrado fuertemente, causándole un dolor descomunal a Mary, de cuerpo y de alma. La desgarró y le desgarró el alma.

Le veía la cara a ese hombre, disfrutaba del placer robado, y no podía más que cerrar los ojos de dolor, de impotencia, de miedo.

Y sí, la violó y no pudo moverse.

Abuso de ella en no más de unos minutos que fueron para ella eternos.

Los peores minutos de su vida acababa de dárselos el tabernero.

Y ella no se movió, no podía entenderlo, se quedó paralizada ante él.

Esos minutos que marcaron ya para siempre la vida de una niña, que ahora, ya no tan inocente, lloraba de rabia e impotencia, y de culpa, se sentía culpable.

Acabó con ella. Y él, sin embargo, reía, se sentía victorioso.

Mary corrió lo más fuerte que pudo, se alejó de allí sin mirar atrás, sus piernas no podían parar de correr, y corría y corría todo lo que podía.

Alejarse es lo que quería, no importaba donde, lejos de allí.

Corrió tanto, se alejó tanto, que cayó vencida por el agotamiento en un prado verde, donde no se escuchaba más ruido que el suave trinar de los pájaros alegres, que despertaban en una mañana soleada de verano.

Alegres…ya no había alegría, la niña había perdido la alegría, se la habían robado y, con ella, su inocencia.

Lloraba de desespero la niña bonita, la niña soñadora, qué sucia se sentía, qué dolor tenía en su cuerpo, en su alma, qué perdida se sentía y lloraba desconsolada. Notaba todavía a aquel sucio hombre invadiendo su cuerpo sin miramiento.

Se arrastró hasta el río, había sangrado y sentía dolor, pero lo que más se sentía era sucia. Tenía que lavarse.

Corría agua limpia y pura, se arrancó la piel restregándose con rabia, tenía que quitar cualquier sombra, cualquier rastro que pudiera recordar a aquel hombre y el olor que había dejado en su piel. Olía ella ahora a miedo, a vergüenza, a culpa y a mucha impotencia.

Y lloraba la niña bonita desconsolada, se sentía tan sola.

Nada, ya no sentiría nada…no quería sentir, solo olvidar tenía que olvidar.

Salió del agua empapada, con sus ropas mojadas, no quería pensar ni quería sentir, quería desaparecer, perderse.

Desaparecer, huir de allí.

Entre los llantos, la rabia la impotencia y el desespero, Mary quedó dormida entre el desespero de no poder quitarse de encima ese olor a alcohol que había dejado en su cuerpo el desespero de ver esas manos tocando su cuerpo, robando su inocencia. Cada vez aparecía en su mente, una y otra vez, la cara del sucio tabernero, victoriosa.

Se desvaneció en un sueño, se dejó llevar, no quería despertar.

—Mary… Mary…

Escuchaba esa voz de nuevo, suavemente como la otra vez, muy suave.

Pero ella no tenía fuerzas, no quería sentir nada, solo dormir.

—Mary… Mary…

Otra vez.

Era una voz que le daba calor, sí, sentía calor en esa voz, quería abrir los ojos, despertar y mirar quién era quien la llamaba tan suavemente entre susurros, pero no podía.

Necesitaba esa voz amiga, necesitaba unos brazos que la acunaran y le dijeran:

—Todo estará bien, Mary.

Pero no podía, se quedó sin fuerzas y durmió, y perdió la noción del tiempo.

—Mary… Mary…

Otra vez… la llamaban.

Esta vez era más fuerte, era una voz conocida.

Despertó, desorientada, perdida.

¿Dónde estaba?, ¿qué había pasado? Un mal sueño, sí, despertaba de un mal sueño.

—¡Niña insensata! —gritaba su padre—. ¡Siempre soñando! ¿Qué haces aquí? Todos buscándote y tú como siempre soñando en tus cosas.

Despertó, vaya que despertó, y no había sido un mal sueño, ni los gritos de su padre ni su cólera le importaban ya a Mary, ahora eso ya no tenía importancia, nada le importaba.

Recordó de nuevo la escena vivida horas antes y lloró de desconsuelo al saber que no había sido un mal sueño.

Su cuerpo también se lo recordaba, se sentía como si la hubieran golpeado, estaba dolorida, pero lo peor era el dolor del alma, ese sí que no tendría remedio ni cura.

Su padre la arrastró enfadado hacia su casa, no la miraba, no sentía aprecio ninguno hacia ella, ni cuenta se había dado del estado de ella. Era demasiado irresponsable a su parecer, demasiado soñadora.

La arrastró y ella se dejó, eso ya no era dolor, nada importaba.

Pero es que ella era solo una niña soñadora, con sueños que ahora ya no eran sueños.

Dejaría de soñar…

Dejaría de reír…

Dejaría de vivir…

CAPÍTULO 4

SOBREVIVIR

Tal vez no fuera buena idea dejar de soñar, no debería dejar de soñar, nadie debería hacerlo.

Se sentía sucia, igual de sucia que ese día y ya habían pasado los días y seguía sucia por dentro y sucia por fuera.

Ahora Mary cumplía con sus tareas, quería olvidar, mantenerse ocupada y trabajaba sin descanso, quería más para olvidar.

Era como un alma en pena que hacía las cosas automáticamente para no recordar, para llenar esos minutos vacíos y así no tener que pensar.

Llevaba los huevos al hostal, como cada mañana, su tortura continuaba. No supo cómo decir que no quería, pero no quería y calló y obedeció.

Pero ahora el tabernero no la miraba ya con deseo, bueno, eso es lo que parecía, pero a ella no le importaba ya nada, nada había ya en ese pueblo que la hiciera ilusionarse.

Se veía ahora más desaliñada, más delgada, menos viva, seguía guapa, pero sin alegría. Había perdido ese brillo que tanto la distinguía entre las otras, sería por eso que él ya no la miraba con ese deseo.

Él, había saciado sus ganas y temía tal vez que ella hablara de lo sucedido, es por eso que se calmó, pero ella tenía que verlo cada día y sufrirlo con desprecio, y cada día le tenía más odio, más asco.

Ella calló, solo ella sabía lo sucedido, sentía mucha vergüenza.

Pero su madre la veía cada día más ida, más delgada. Susana sí que notó que algo le pasaba a su hija y no pudo nunca saber qué es lo que la atormentaba, se cerró en banda.

Nadie entendió qué había pasado aquel día en el que Mary desapareció sin más y la encontraron mojada y dormida cerca del río, no hubo explicación. Sí fue entonces una victoria para el tabernero, había salido impune de su delito.

¿Qué había pasado ese día?, su hija había cambiado tanto, ¿qué la hizo cambiar? se preguntaba su madre.

Su padre, en cambio, lo agradeció, fuese lo que fuera, ahora ella cumplía con sus tareas como nunca antes lo había hecho. La casarían pronto, seguro.

Y el resto de la gente con sus habladurías, arreglaban las vidas ajenas.

Era tan soñadora…eso pensaron todos, alguna locura soñando cosas de niñas.

Y se olvidó con el tiempo, dejó de ser noticia el suceso de Mary y la vida seguía en aquel pueblo, en el que el día a día transcurría ajeno a la amargura de ella.

Las calles se llenaban de ruido y bullicio del cual ella quería huir, todo le era molesto, las personas el ruido, todo le molestaba.

Cada día era ahora una gran tristeza para ella, una prueba dura que superar.

Moría cada día un poco más. Se apagaba esa niña que era un sol en medio de una tempestad. Y dejaba de brillar poco a poco.

Pasaban los días y las semanas…

Y de los sueños rotos, de las ilusiones perdidas…nació un pequeño rayo de esperanza.

Pasó un día que, estando ella en sus tareas, centrada en sus trabajos y obligaciones, seminconsciente, sumida en sus labores, escuchó de nuevo…esa voz…

Mary… Mary…

Había pasado tiempo ya desde la última vez que había oído la voz.

Habían pasado los meses, no sabía bien ella cuántos, no le importaba, dejó de importarle incluso el tiempo.

Mary… Mary….

Esta vez, aunque semiinconsciente, la niña ya no tan niña abrió los ojos de golpe, era un suspiro de esperanza, era una voz que le daba esperanza a la vida, quería agarrarse a ella, necesitaba ver de dónde venía por su calidez, por su confort, era una voz sin duda amiga y venía por ella, la llamaba a ella.

Miró a un lado, a otro, no entendía. Oía el susurro de la voz, pero no había nadie, nadie estaba ahí con ella.

Corrió otra vez, con desespero, ¿acaso se habría vuelto loca? pensaba ella.

Oía voces donde no había nadie y, sin embargo, era una voz clara, de eso estaba segura, suave pero clara.

Corrió y se escondió otra vez en su coraza de niña ya no tan niña, en su coraza de amargura e infelicidad, en su rutina de muerte lenta y de tristeza. Huyó de la voz, esta vez se alejó Mary de ella.

Empezaban tiempos duros para ella, lejos habían quedado esos sueños de príncipes galantes y placeres escondidos, lejos estaban ahora esos deseos que hacían despertar en ella sensaciones prohibidas. Todo esto que, en sus tiempos, le daba un poco de esperanza a una vida mejor, todo lo había olvidado el mismo día que se perdió a ella misma, el día que le arrebataron parte de su vida.

Pasó el verano y el invierno, y la primavera, pasaron los meses que parecían años en la vida de ella y creció, sin rumbo alguno, sobrevivía. Aquello que nunca quiso en su vida era ahora su día a día, sobrevivir.

Como era de esperar, con el paso del tiempo se convirtió en una señorita realmente bella, ahora sí, ya con su cuerpo de mujer, era una chica verdaderamente especial.

Sí, Mary tenía algo en ella que no sabría yo explicar bien, pero encantaba, enamoraba.

Y llegó el momento. Tendrían que casarla.

CAPÍTULO 5

DESTINOS CONCERTADOS

En estos tiempos de amargura ella había olvidado que tendría que casarse algún día, lo había olvidado por completo.

En sus sueños de antaño, su boda sería claramente con su galán, que tanto la hacía sentir. Ese que solo con tocarla le erizaba la piel y la hacía estremecerse de deseo, ese que la miraba a los ojos mientras le hacía el amor y sentía su piel contra la suya y esas caricias de calma y ternura que recorrían su cuerpo y la hacían sentir viva de deseo, viva de amor, viva de alegría y gozaba con él como si verdaderamente fuera aquello algo prohibido, por lo bueno, por lo sentido, por lo disfrutado.

Pero esos eran sueños de antaño…sueños escondidos ahora en el fondo de un corazón roto, un corazón vacío.

Su príncipe se había desvanecido en su mente, la tristeza la hacía ser más realista, ahora sentía un vacío en su interior, su pecho se oprimía, era la tristeza del alma.

En esos meses el tabernero, John, que así se llamaba el individuo, había enviudado.

Amanecieron un día de invierno con la noticia de que había muerto la esposa de John, el tabernero.

En verdad fue algo misterioso, no es que su señora fuera una mujer fuerte, de salud espléndida, pero tampoco sabían de ninguna dolencia que la hiciera fallecer así de repente, sin más.

Se comentó por aquellos entonces entre las mujeres, ellos hacían oídos sordos a los habladurías de ellas más por convivencia que por no ser verdades, muy machos ellos se apoyaban unos a otros en sus andares por lo prohibido, en sus fechorías de hombres poco hombres y en sus vidas vacías que intentaban llenar con excesos y placeres que no complacían a nadie, ni tan solo a ellos y pagaban con sus mujeres, sumisas que se dejaban hacer o golpear por miedo a ellos, por miedo a quedarse solas, por miedo de tantas cosas que las encadenaban a unas vidas que ya no eran vidas, que ya no eran de ellas, sino de ellos para ellos. Se comentaba pues, que después de una noche de borrachera, John se cebó con ella, la golpeó fuertemente, no una ni dos, muchas veces, hasta dejarla inconsciente como otras veces había hecho, muchas otras veces, solo que esta vez ella no despertó.

Pero…esto solo se quedó en un simple murmullo entre esas mujeres que no tenían ni voz ni voto, pero sí mucho miedo, miedo a ser golpeadas, miedo a ser repudiadas, miedo al qué dirán.

Ignorantes, pobres de ellas, morían por miedo y vivían en un miedo continuo que era más grande que tener la valentía de ser libres.

Y el rumor se perdió y la vida siguió…y John vivió y ella murió.

Ese día, cuando despertó, Mary sintió un escalofrío recorrer su cuerpo, fue un pálpito en el corazón, un dolor del alma que la hizo saber que algo muy malo la esperaba.

Era de esas sensaciones que, sin haberlas visto, lo sabes.

Sabes que algo malo te espera, dudó si levantarse o cubrirse la cabeza y dormir, dormir en un sueño profundo que la llevara lejos de allí, donde fuera, pero lejos.

Bueno, tampoco podía postergarlo más, tampoco la dejarían en paz, tenía que afrontar el día.

Efectivamente, cuando bajó a la cocina estaban allí, en la mesa, cosa extraña, ellos salían muy temprano a sus tareas, por lo menos su padre. No solía verlo hasta mediodía, los dos allí se encontraban, esperándola, con el rostro serio. Susana permanecía al lado de Billy, su padre.

—Mary, tú sabes que este momento llegaría —dijo su padre serio, firme.

Ella, desconcertada, lo miraba fijamente ¿Qué era lo que estaba pasando?, ¿qué tenía que llegar?, ¿por qué estaban los dos ahí esperándola y no estaban trabajando como siempre?

—Ha llegado la hora, como tú bien sabes, has de casarte.

¿Cómo?, ¿casarse ella? No, no lo haría, no iba a casarse jamás.

—No quiero casarme, no podéis obligarme a hacerlo, no podéis decidir mi vida.

La madre, apenada por la situación, había intentado por todos los medios convencer a su marido, le dijo que esperaran un poco que encontrarían a alguien mejor, pero él se negó, parecía como si se le fuese la vida a él en ello. No razonaba ni atendía, tenía su decisión ya tomada.

Su madre le dijo:

—Hija, has de hacerlo, es tu deber como fue el mío y el de tu abuela y así todas las generaciones de nuestra familia y las de tu padre. Nacemos para casarnos y tener hijos, esa es nuestra vida, así debe ser.

¿Nuestra vida?, ¿así debe ser? No, ella no, no lo haría, no iba a casarse, no quería servir a nadie ni tener hijos con nadie que ella no quisiera. No, no podían obligarla.

—No podéis obligarme, no voy a hacerlo.

Estaba realmente enfadada y nadie la escuchaba, no quería casarse, bajo ningún concepto.

Su padre ardió en ira al oírla negarse, era su deber, tenía que hacerlo y punto, no había discusión. No cabía en su mente cómo era ella tan desobediente, se hacía lo que él mandaba, por algo era el patriarca.

—¡La niña malcriada! Siempre dando problemas, nunca acatando las ordenes, ¡obedecerás!

Del puñetazo que dio Billy sobre la mesa, rompió las tazas del desayuno que habían quedado vacías esperando ser retiradas por Susana.

—¡Te vas a casar y te casarás cuando yo diga!

Le dijo su padre, era una orden, no tenía opción.

Ella, viéndose acorralada, sin escapatoria, probó una última opción, por hacer tiempo, para poder pensar en un plan para escapar de ese destino que le esperaba y que no quería.

—Está bien —dijo ella—. Me casaré, pero lo haré con quien yo decida, lo haré con quien yo quiera, dadme por lo menos eso, dejadme decidir.

Aunque no había en todo el pueblo nadie que despertara su interés, lo hacía para calmar a su padre, tenía que conseguir algo de tiempo.

Billy no salía de su asombro, jamás nadie había renegado de un casamiento, nadie se atrevía a cuestionar la decisión del padre, pero ella sí, siempre ella.

Entonces se lo dijo, la sentencia final, su destino.

—Te vas a casar y lo harás en un mes, te casarás con John, el tabernero.

¿Cómo? De todos los hombres que había en la Tierra habían decidido casarla con el más sucio, ruin y asqueroso que ella conocía. No podía ser posible, tenía que despertar de ese mal sueño, el destructor de su vida, el que le había robado su alegría y ganas de vivir, justo ese sería su marido. Ahora sí que la habían matado en vida, eso sería su muerte.

Palideció de repente, se sostuvo en la silla para no caerse, la habitación le daba vueltas, se había oscurecido todo en un instante, había perdido de vista a su padre, a su madre, la cocina, todo se desvaneció y olvidó quien era y se sumergió en un adormecimiento que la hizo olvidar por momentos lo que ahí acababa de pasar.

Momentos que se hicieron cortos… momentos que parecieron a la vez eternos, momentos de amargura y de dulzura, fue una mezcla de sensaciones que envolvieron su cuerpo y la llevaron de nuevo a sus sueños de niña, con su amado príncipe y sus besos y sus caricias y esos ojos que cuando la miraban la hacían estremecer por lo que en ellos veía: deseo, lujuria, amor, admiración y la tranquilidad de estar donde se quiere estar.

Extendía ella los brazos hacia su amado y le pedía que se la llevara lejos de ahí, que la salvara de una muerte segura, de la infelicidad y desdicha, tenía que salvarla.

—Mary… Mary…

Escuchó esa voz de nuevo, estaba ahí en su casa, la llamaba a ella, quería ver quién era, tenía que saber, venía por ella.

—Mary …Mary….

Y una vez más despertó… y encontró a su madre achuchándola para que despertara.

Ella quería ver quién la llamaba. Buscaba en la habitación quién era el dueño de esa voz que tantas veces la buscaba y que nunca encontraba.

Sería su salvación, tenía que serlo, había venido a buscarla, a llevársela. Quería que se la llevara de allí, fuera quien fuese el que la llamaba.

No había nadie, nadie la esperaba, nadie la rescataría, estaban ella y su madre, y otra vez se encontró desesperada, sola en su batalla.

Su padre había salido preso de la furia, arrasando con lo que se interponía en su paso, parecía que un huracán había entrado en la pequeña cocina de aquel humilde hogar.

No habría marcha atrás, lo había dicho bien claro, no podía decidir por ella.

CAPÍTULO 6

MALOS SUEÑOS

Despertó, pues, y volvió a la realidad de lo que parecía un mal sueño.

Ahora sí, había muerto en vida. ¿Qué sería de ella en las manos de ese animal que se había atrevido a abusar de ella?

Ese sucio y apestoso hombre que no podía ni soportar. Solo imaginarse tocándola de nuevo, no podría soportarlo, era superior a ella, se encogía de dolor solo con pensarlo y es que aun sentía el sucio olor de su aliento en su cuello aun podía ver esa expresión de placer en la cara de él y se le revolvía el estómago por las náuseas que sentía. ¿Cómo podía ella casarse con semejante bestia?, ¿acaso sus padres deseaban su muerte?, ¿es que no la querían ni un poco?... Un poco tan solo, lo justo para ver que, si no sabían lo que a ella le había hecho, que lo hicieran por lo que le hizo a su mujer, matándola después de todo el sufrimiento que le hizo pasar durante años.

Deseaban su muerte, no cabía duda, la condenaban así a una muerte segura de cuerpo y alma.

Caminaba ella por la calle en ese mes amargo de septiembre, era un día gris, como su alma, todo su ser era ahora de un gris oscuro que no había forma ni manera de ver algo de luz, ni tan siquiera un pequeño rayo de esperanza.

Y no podía parar de pensar: "¿Qué será ahora de mi vida?"; y se repetía una y otra vez la misma pregunta.

Siempre le había gustado septiembre, era un mes que no hacía calor ni frio y los días aún tenían luz y color de verano sin el abrasador sol que tanto ardía en aquella zona de su tierra. Era un mes para disfrutar de esos paseos en los prados y así poder olvidar quién era y de dónde venía…

Ahora ya no le gustaba septiembre, era el mes elegido para su boda, era el mes del final de sus días. Dejaría de ser Mary y sería la desdichada esposa del tabernero, qué injusta era la vida.

Caminando, pues, calle abajo, hacia el río, con sus ropas sucias bajo el brazo, allá a lo lejos lo vio, era John, con esa cara de lujuria otra vez y sus dientes negros de moho, ¡Dios no podría!

Se sentía victorioso, otra victoria más para él.

Necesitaba una solución, no podría acercarse a él, desde lo lejos ya notaba esa sensación de repulsa, invadía su cuerpo. ¿Qué sería tenerlo cerca o encima de ella, babeando su piel con ese aliento putrefacto y esas manos de ogro recorriendo su cuerpo? Estaba segura, quería morir.

Moriría antes que casarse con él.

Cómo la miraba y la desnudaba desde lo lejos, cómo sonreía victorioso como quien consigue un trofeo aun sabiendo que no lo merece.

Moriría antes que casarse con él.

Estando en el río y con la mirada perdida, pensaba en qué había sido de su vida, ¿dónde había estado esa niñez de

juegos y risas?, ¿dónde había ella dejado la alegría de reír sin más y las ganas de soñar?

Que había pasado, ¿qué tan malo había hecho para merecer esa vida?, ¿en qué momento se equivocó?

Entró en un estado de tristeza tan grande que ni ella misma sabía cómo se había ido sumergiendo, poco a poco, paso a paso, en las profundidades del río y pensando y pensando, empezó a sentir que era libre y que la libertad le daba alas para volar y volaba, y volaba alto muy alto, y reía y sentía esas sensaciones de felicidad que ya había olvidado. Libre, era libre y podía soñar de nuevo, avanzaba, pues, hacia su felicidad, le tendía la mano otra vez su príncipe y le decía entre susurros:

—Ven, princesa, te estaba esperando.

Y se dejó llevar y se sumergió en las profundidades, más que del río, de sus sueños y avanzó hacia ellos paso a paso y avanzó hasta que dejó de soñar y se volvió todo blanco y una luz invadió su vista. Era blanca, cálida, la llamaba la acogía y se dejó envolver, había paz, mucha paz y se dejó llevar por lo que allí sentía y se dejó vencer… se sentía tan libre, al fin podía ser libre.

Los días que siguieron a este, fueron de mucha incertidumbre.

Al anochecer, cuando Mary no apareció en su casa su padre, volvió a estallar en furia y ni las palabras de su mujer podían apaciguar a la bestia.

Esperó y esperó, sabía que la azotaría, de hecho, la esperaba con una fusta en la mano, paciente, furioso, sentado en su butaca, esperó hasta quedarse dormido profundamente, preso del agotamiento.

En la habitación su madre, Susana no dormía, sabía que cuando Mary apareciera, su padre la azotaría fuertemente sin control ni medida, temía por ella y, casi llorando desconsolada, suplicaba a Dios que ella no apareciera, por su bien, sino, moriría.

No demostraba Susana mucho aprecio por su hija, no era una mujer cariñosa, pero la quería, de eso no cabía duda.

Estaba segura de ello, si Mary aparecía, Billy la mataría.

Billy no le tenía el mismo aprecio a la niña. Nunca lo supo, pero lo presentía, esos ojos de Mary cada vez que lo miraban se lo decían, no era su hija, no era de él, estaba seguro.

Sin embargo, tan valiente que se creía, tanta ira que tenía, siempre fue un cobarde para afrontar la verdad y nunca preguntó, pero en cambio, sí enfocó su rabia hacia Mary, que no era culpable en modo alguno de los problemas entre ellos.

Cobarde él, que escondía la rabia de esa verdad en azotes hacia la inocencia de Mary, que no sabía por qué no la quería o el porqué de ese odio hacia ella.

Esa noche en los sueños de Billy, mientras dormía profundamente, aparecieron unos ojos enfurecidos que lo miraban desde lo alto, era una mirada profunda, eran unos ojos que ahora desprendían ira hacia él, mucha ira y dolor… no hicieron falta las palabras para aterrar a Billy. Aquellos ojos que vio le hicieron sentir verdadero pánico.

Despertó empapado en sudor y aterrado, no entendía que había pasado, pero sí supo que esos ojos querían decirle algo, eran unos ojos que le habían hablado y amenazado, su sentencia estaba dictada, de eso estaba el seguro.

Fue una larga noche de septiembre en la que Mary no apareció.

Amaneció y buscaron a la chica por colinas, valles y ríos, buscaron cada rincón de aquel pueblo ahora alborotado por la noticia, pero no apareció, ni rastro de ella.

El tabernero, no sabían si tenía más rabia por perderla o rabia por las burlas de la gente, que murmuraba que ella había huido por no casarse con él. Demasiado orgulloso era John para aceptar que había huido, en verdad, por él, de él.

Así que la buscaba él también y deseaba que apareciera, la azotaría hasta que aprendiera, era suya, bien le había costado.

Sí, su padre la había vendido, por su mala cabeza, por pagar unas apuestas que allí en la misma taberna hacía a escondidas. Y él perdía lo poco que tenía y, cada vez, la deuda se le hacía más grande, encontró con ella la ocasión de poder pagar.

Aprovecho John, el desespero de Billy y le ofreció pagar la deuda a cambio que le entregara a su hija.

Billy no dudo ni un momento. Mataba dos pájaros de un tiro, la casaba a ella y pagaba la deuda contraída.

No le importaba nada lo que Mary pudiera pensar al respecto, no era su problema.

Bien sabemos que no la quería y, si pagaba su deuda, por lo menos de algo le habría servido alimentar a esa niña terca durante años. Eso es lo único que pensaba Billy.

Susana esto no lo sabía, nunca se lo dijo, la convenció de otras maneras, pero tampoco es que ella pudiera opinar sobre nada. Nunca quiso ella eso para su hija, no esa boda, no con ese hombre, tampoco a ella le gustaba, bien sabía de las andadas de él y lo que le había hecho a su ahora viuda.

Pero esta vez era su hija, se trataba de Mary.

La mataría también a ella, pensaba Susana.

Ni aun así hizo nada por ella, el pánico la paralizó esta vez también, como tantas otras veces, y calló y acató y sufrió.

Es por eso que ella ahora deseaba que no apareciera, si no la mataba uno, la mataría el otro, sin ninguna duda. Muy a su pesar, deseaba que no volviera, nunca se lo perdonaría.

Era preferible no verla más que verla morir sin ella haberlo remediado.

Si no aparecía había una esperanza…

CAPÍTULO 7

ESPERANZA DESPUÉS DE LA MUERTE

Pasaron las horas y no había rastro de ella, solo encontraron el canasto en el río con las ropas a medio lavar. Ni rastro de Mary.

En el pueblo, como con todas las cosas que allí pasaban, empezaron a proliferar los chismes…

Que si había huido para no casarse…

Que si había conocido a un hombre y se habían fugado juntos…

Que tal vez se hubiera suicidado…

Que era una niña muy extraña, a saber qué se le habría pasado por la cabeza… Rumores, pero nadie supo la verdad.

En lo que sí que estaban todos de acuerdo es en que Mary no estaba hecha para ser mujer del tabernero, nadie merecía tal castigo y menos una niña tan especial como ella.

Imaginaros John, cómo se sentía a medida que pasaban las horas, había perdido a Mary y a su dinero y, con ello a su orgullo, se sentía humillado.

—Esto no quedará así —le dijo a Billy—, o ella aparece o tú me pagas el dinero que me debes.

No se saldrían con la suya, tenía que ganar, su reputación estaba en juego, John nunca perdía.

Billy no tenía ese dinero ni modo alguno de conseguirlo.

Tenía que aparecer, la buscarían más exhaustivamente.

Si no aparecía, el tabernero era capaz de matarlo a él, eso lo sabía.

Pero… pasaban las horas y seguía sin aparecer…

Por más que buscaron, por más que se empeñaron en que apareciera, no había rastro de ella, como si se la hubiera tragado la tierra o el río.

—Maldita Mary —pensaba su padre—, siempre dando problemas.

Estuvieron horas y más horas buscando, peinando toda la zona. Nada, no había rastro de ella, era como si se hubiese desvanecido.

Al anochecer, Billy llegó a su casa, Susana esperaba impaciente, quería saber, quería que él le dijera que no la habían encontrado. Y así fue, enfadado y agotado, Billy buscaba culpables, le recriminó a ella.

—Todo es por tu culpa, es una niña malcriada, tú tienes la culpa de esto, no has sabido encauzarla. A saber quién es…

Pero calló, no continuó, se pudo contener, no quería saber, por cobardía, una vez más calló.

Susana por primera vez en su vida se armó de valor y le contestó, presa de la ira y ante sus desprecios y reproches, estaba muy nerviosa y se sentía culpable por no haber sabido defender a su hija.

—No entiendo —dijo ella—. ¿Qué es lo que te preocupa tanto? Nunca la quisiste, deberías estar contento de su desaparición. ¡A saber qué es lo que tanto te preocupa!

Él no salía de su asombro, se habían vuelto todos locos y ahora Susana contestándole, eso faltaba, ya era el colmo.

—¡Mujer insensata!, cómo te atreves a replicarme, cómo te atreves tú a contradecirme, ¿acaso crees que no sé que la niña estúpida esa no es mi hija?, ¿cómo voy a quererla?

Esta vez sí que ya no pudo, explotó y lo dijo todo.

—Deberías estar agradecida por todos los años que os he soportado a ti y a ella, a ti por infiel y a ella por bastarda, callé por vergüenza, por no ser un cornudo para todo el pueblo, nunca la quise, pero eso fue también por tu culpa.

Descargó toda su ira sobre ella, cogió la fusta y la azotó fuertemente, estaba verdaderamente rabioso.

—¡Zorra! —le decía, una y otra vez, por todos los años de silencio, por todos los años de dudas, estaba eufórico, se sentía fuerte y dolido—. Pensabas que podías engañarme, ¡pagarás por todos estos años de silencio! Has de pagar por adúltera.

Ya no podía callar más, ahora quería venganza.

Y la azotaba y la azotaba, hasta que la dejó inconsciente, sangrando, como un perro, acurrucada en el suelo, sola, sin saber si vivía o estaba muerta, allí la dejo sin importarle qué sería ella. Salió de la casa, se dirigió a la taberna, necesitaba ahogar su furia olvidar.

En la taberna bebió y bebió durante horas y olvidó hasta su nombre, olvidó quién era.

El tabernero lo echó a patadas de su casa, ni él lo quería allí.

—Vete de aquí —le dijo.

No se tenía en pie, aun así, lo empujó hacia la puerta, sin ninguna piedad, tan fuerte que cayó en el suelo, borracho, solo.

Y el cielo se tornó negro de repente y el frío se apoderó de él.

Y de nuevo, en su inconsciencia y en medio de su borrachera, medio dormido, medio despierto, aparecieron esos ojos que tanto miedo le habían dado la noche anterior, esta vez los veía más claros, más grandes, más furiosos.

Supo él, entonces, sin necesidad de palabras, aun borracho como estaba, que venían a por él.

Supo él, entonces, que no despertaría, era el fin de sus días.

Amaneció y lo encontraron, no se sabe cómo, flotando en el río, muerto.

Pocos lloraron su muerte, no era hombre de muchos amigos.

A Susana la encontraron inconsciente, todavía, acurrucada en el suelo de la casa, pero vivía, se recuperaría. Tampoco lloro ella la muerte de Billy, no lo merecía.

John era ahora el más furioso de todos, esto no iba a quedar así, alguien tendría que pagar la deuda y con Billy muerto y Mary desaparecida quedaba, pues, Susana.

CAPÍTULO 8

RESURGIR DE LOS SUEÑOS

Había una luz blanca, era tanta la calma que se respiraba que quería permanecer así toda la vida, estaba feliz, tranquila, sentía paz… cómo jamás había sentido, estaba feliz, tenía lo deseado.

Sin embargo, empezó a desvanecerse, la luz se apagaba, se alejaba, ya no sentía esa paz.

—No, no te apagues, quédate ahí —decía ella.

Se desvaneció muy a su pesar, la luz se esfumó.

Ahora estaba todo oscuro, no veía nada, ¿dónde estaba?, ¿qué pasaba?

No entendía.

Abrió los ojos. Se encontró una mirada que la observaba, ella permanecía quieta, no podía moverse y esos ojos no dejaban de mirarla.

Solo podía ver esos ojos que se le clavaron en lo más profundo de su interior, la abrasaban, la quemaban.

Una sensación extraña invadió el cuerpo de Mary, no era miedo ni mucho menos, era algo mucho más fuerte, pero… ¿qué era eso que recorría su cuerpo? Y esos ojos que tan profundo la miraban, eran unos ojos conocidos, los había visto, de eso estaba segura. Esa mirada ya la había sentido ella, le era familiar, le agradaba.

Quería moverse, estirar los brazos, preguntar qué estaba pasando, nada respondía a sus órdenes, estaba inmóvil, paralizada.

No, no podía, su cuerpo permanecía quieto y no escuchaba los deseos de Mary, estaba rígido, muerto.

No tenía fuerzas, no podía pensar, cerró los ojos y volvió a ver esa luz y a sentir esa paz… le gustaba esa paz.

Habían pasado varias semanas desde la desaparición de Mary, días en los que había estado inconsciente, más muerta, tal vez, que viva.

Y seguía así, luchando entre la vida y la muerte… medio ida, inconsciente a ratos.

A lo lejos, unos suaves tambores se oían, eran cánticos de alegría, cánticos a la vida.

Unos suaves murmullos los acompañaban, cantaban por su vida, eran agradables al oído, invitaban a quedarse.

Volvió a abrir los ojos y estaba otra vez ahí… la miraba fijamente, esos ojos producían en Mary una sensación de confort extraña, era como estar en casa, nunca jamás se había sentido así. En casa por fin, era lo que tanto anhelaba.

Miro alrededor, estaban solos, pero seguía escuchando esos tambores que repicaban suavemente, esos cánticos de paz y alegría.

Qué bien se sentía, qué a gusto estaba.

Él se movía ahora, la limpiaba con suavidad y le acariciaba la frente, desprendía fuerza, aunque a ella la tocaba suavemente.

Era fuerte, era apuesto, era joven, sin embargo, parecía seguro con autoridad. Tenía algo especial que no podía

identificar, su piel morena, su pelo largo y oscuro, sus ojos, esos ojos… que tanto decían.

Se perdía en esos ojos profundos, veía en ellos algo más, más adentro, más conocido, sin ninguna duda, conocía esos ojos.

Sonaban los tambores y, con ellos, se adormecía de nuevo, ¿estaría soñando?, ¿estaría en el paraíso?

Fuera, a lo lejos, parecía ahora que discutían. Se escuchaban voces fuertes. Eran voces de hombres. Estaba sola ahora.

Eran sus hermanos de batalla, eran sus compañeros de andanzas. Estaban nerviosos, habían estado mucho tiempo parados en tierras extrañas, lo esperaban a él, que a su vez esperaba el despertar de Mary.

Tenían que marchar, habían esperado mucho tiempo.

—Tenemos que partir, no podemos perder más tiempo, nuestras familias esperan, tenemos que reunirnos con ellas, estarán preocupadas y el invierno está cerca, y en estas tierras nos cuesta mucho por su frío, bien lo sabes, no podemos esperar más.

Drog, así se llamaba él, el dueño de esos ojos que a Mary la enloquecían, quería esperar a que ella despertara.

—Esperemos dos días más, se recuperará, lo sé, es fuerte. Su espíritu quiere vivir, siento una gran fuerza en ella, debemos esperar, solo dos días, después partiremos.

Fue él quien la encontró, Drog, su salvador.

Estaba al otro lado del río, muchas millas más abajo, era muy temprano, todavía oscurecía. Algo lo hizo despertar sobresaltado, tenía la necesidad de bajar al río.

Era una voz que lo llamaba a él y le decía suavemente…

—Drog… Drog….

Despertó y siguió el murmullo de aquella voz que lo llevó bosque adentro hasta el río y seguía llamándole.

—Drog…Drog…

Sigilosamente él se desplazaba entre las sombras de la

noche, era muy hábil, un experto cazador, y en silencio llegó hasta aquel río inmenso. No podía seguir avanzando, pero la voz seguía llamándole…

—Drog… Drog…

Él, con mucha calma, esperó y observó todo a su alrededor como el buen guerrero que era, experto, paciente.

Esperó mucho tiempo, pero no se desesperó, algo lo llamaba, sentía esa fuerza que allí lo había llevado.

Amanecía ya y los primeros rayos de sol salían por el este del río y formaban una niebla espesa que indicaba el final del verano.

Entonces, una sombra blanca apareció flotando sobre las aguas del río. Estaba confundido, no sabía bien qué era, se iba acercando hacia donde estaba él y entonces se dio cuenta, era una persona que flotaba sobre las aguas, una mujer. Corrió, se zambulló en el río sin pensarlo dos veces y nadó fuertemente hasta alcanzar el cuerpo pálido que flotaba sobre el agua.

La rescató. Era ella, había salvado algo más que un cuerpo, salvaba toda una vida, que estaba todavía por vivir.

Salió con ella en sus brazos, estaba pálida, la tendió en el suelo y comprobó que tenía un hilo de vida, una esperanza, muy pequeña, pero vivía.

La miró y sintió algo en ella que tampoco él pudo explicar, algo recorrió su piel, su cuerpo, en el mismo instante que la tocó.

La volvió a coger en brazos y, volviendo por el mismo camino que había hecho unas horas antes, la llevó al campamento.

Estaban todos alborotados, preocupados, al despertar para emprender la marcha vieron que él no estaba, no entendían, no sabían bien qué había pasado, no podían continuar, debían esperar… esperaban al jefe, al rey.

Lo vieron aparecer, ya avanzada la mañana, con una mujer en brazos.

Esto les sorprendió aún más.

Corrieron hacia él y, tal como él les dijo, prepararon una tienda y en ella dejaron a Mary, ahora en manos del sanador, una especie de médico que conectaba con el más allá y con sus remedios hacía verdaderos milagros con las personas que habían cruzado ya la barrera de la muerte. Los devolvía a la vida casi milagrosamente.

Pero él era más que un sanador, era el consejero del rey, su mano derecha, su guía.

—Hay esperanza —dijo—, aunque será un trabajo duro y necesitaré tiempo.

—Hazlo —dijo Drog—, esperaremos unos días más, cuando mejore, partiremos.

Su hermano no estaba de acuerdo, tenían que avanzar, les esperaba un largo camino y, como ya he dicho antes, se acercaba el invierno. No podían esperar, sus familias dependían de ellos, estarían preocupados, jamás habían tardado tanto en regresar.

—Debemos avanzar, no podemos perder tiempo, no la conoces no sabes quién es, seguro morirá, está muy pálida y se ve frágil. Tienes que pensar en los tuyos, eres nuestro rey, nuestro jefe y de ti dependemos, ¡actúa como tal!

Pero él no podía dejarla, era algo superior a él. Una fuerza le decía que tenía que esperar por ella.

—Esperaremos —dijo sin más explicación.

Y actuaron a las órdenes del rey todos sus hombres, su hermano obedeció a regañadientes.

Y paso cada día y cada noche al lado de ella, rozándole la piel, dándole calor. No con malicia, era una sensación de bienestar que él no había conocido en toda su vida, se sentía atraído hacia ella fuertemente, irremediablemente, era una fuerza que lo envolvía y no podía separarse de su lado. Esperaría a que despertara.

Mientras tanto, el sanador hacía su trabajo, sus rituales, sus pociones con sus cánticos y sus tambores. Estaba ella, más cerca del más allá que en esta tierra, tenía que devolverla. Mary era muy importante, todavía quedaba mucho por vivir.

CAPÍTULO 9

PASIONES DESENCADENADAS

Ese día que ella despertó, el día que abrió los ojos y sus miradas se conectaron fue algo mágico. ¿Qué le estaba pasando?, ¿qué tenía aquella criatura que había salido de la nada flotando en el río?, ¿qué tenía que le hacía sentir cosas a él que no había sentido nunca?…

Le desconcertaba, pero sabía que tenía que estar ahí, con ella, era algo más fuerte que lo hacía esperar.

Aquella voz… quería sin duda unirlos.

Mary había mejorado mucho, podía permanecer despierta sin sumergirse en ese sueño que la invadía, cada día un poco más, pero no conseguía mantenerse despierta mucho tiempo… esto preocupaba.

Era como una lucha con el más allá.

—Tienes que ser fuerte —le decía él . Quédate aquí, despierta, princesa, despierta.

Podía escucharlo, oía su voz y le gustaba, quería mirarlo.

Cuando él la llamaba, despertaba y regresaba a la Tierra y lo veía a él y esa mirada que la llenaba.

¿Quién era ese hombre?, ¿que tenía que la hacía sentir viva?

Entró él en la tienda, estaba preocupado, no sabía si dos días serían suficientes para que se salvara. Le pidió al sanador que hiciera todo lo posible, que fuera rápido, no tenían tiempo.

—Sálvala, hazlo rápido, no tenemos tiempo.

Hacía todo lo posible y más.

Se pasó las noches sin dormir, él sabía que debía salvarla, sabía cosas que nadie sabía…

Podía ver más allá de lo que nadie veía.

Podía entrar en los sueños de los demás.

Incluso él sabía de voces y de dónde provenían.

Sí, sabía de voces y de encuentros y de pasiones, sabía el lugar y la grandeza de las personas.

Lo había visto y tal vez provocado, o más bien había ayudado, a que los encuentros se hicieran de carne y hueso.

Era más que un sanador, lo sabían pocos.

Drog confiaba en él ciegamente, lo había salvado a él.

Lo había regresado casi de la muerte.

Fue en una batalla con una bestia, estaba Drog malherido, el curandero se interpuso entre él y la bestia y, así, le daba tiempo a él a reaccionar. Lo salvó así de una muerte segura.

El curandero estuvo varios días entre la vida y la muerte, pero se salvó, aunque, desde entonces, iba cojeando por esta causa. No le importó nunca cojear por Drog, sabía bien quién era él y lo que tenía por vivir.

No podía morir todavía, tenía una vida de grandeza por vivir, la viviría.

Esto, Drog, no lo olvidaría jamás, los unió todavía más si cabía de lo que ya habían estado siempre. Desde que nació Drog y su padre se lo confió al sanador.

Él, el padre de Drog, si sabía bien quién era el sanador, fue por eso que, al morir, le dio todo el poder para que educara a su hijo. Sabía cuál sería su destino, él era, junto con el consejero, el único que lo sabía.

Después de unas horas, en las que el sanador hizo todo lo que estaba en sus manos, le dijo claramente a Drog:

—Está todo hecho ya, si despierta en las próximas horas vivirá, he hecho todo lo que ha estado en mis manos, no te quepa la menor duda, ahora debo retirarme a orar, oraré por ella lo necesite. Vela, pues, ahora tú sus sueños, tu presencia le hace bien.

Y repicaron los tambores más fuertes que ningún día y repicaron cantares de libertad y esperanza…

Ni un momento se despegó él de su lado.

Ni un momento dejó de acariciarle la piel de su cara, de su brazo, la miraba y le pedía que volviera, tenían que marchar, debía volver con su gente, pero quería verla bien, tenía que despertar y tenía que hacerlo ya.

Pasaron las horas y anocheció, él se adormeció, estaba cansado, llevaba muchos días de desvelo, muchos días a su cuidado.

Sintió una mano que reposaba en su pelo, lo despertó. Alzó la mirada y esos ojos se clavaron en los suyos. Fue mágico, sus pieles se erizaron y no necesitaron más palabras que sus besos y sus caricias. Se dejaron llevar, se sumergieron en una noche de pasión profunda en la que cada beso era más que un beso y cada caricia era más que una caricia y recorrieron todo su cuerpo y besaron cada parte de su piel, cada centímetro, despacio sin prisa. Se miraron a los ojos mientras él la hacía suya y la sentía suya, cada gota de sudor era por ella, para ella, estaban entregados a la pasión sin medida, había una fuerza que los llevaba más allá del sexo, era algo más profundo, era mágico, de otro mundo, estaban destinados.

Amanecieron exhaustos, abrazados, desnudos, vivos, más vivos que nunca.

Entendió ella, ahora, todos sus sueños, todo lo que había visto en sus noches de desvelo era real, esperaban por ella, para ella.

Despertaron. Y volver a la realidad era despedirse el uno del otro, era marchar en caminos diferentes y vidas separadas.

SUSANA PERDIDA

Pasaron los días en el pueblo y poco a poco todo parecía volver a la normalidad, en apariencia así era.

Pero Susana no encontraba consuelo, ahora que Billy había muerto y sin Mary en su vida, se sentía sola, triste.

No lo echaba de menos a él, pero no sabía vivir sola y, por otra parte, no saber si su hija estaba muerta o viva no la dejaba vivir.

Ella había deseado que no volviera, por su bien, pero no encontraba consuelo y los días pasaban y ella parecía consumirse en las labores de la casa y los animales. Y no podía con todo, se desbordaba y lloraba de impotencia, le sobrepasaba, demasiadas cosas juntas.

Era una mujer trabajadora, pero estaba más acostumbrada a obedecer, no sabía llevar a los animales sola y menos negociar con los vendedores y manejar el dinero, no lo había hecho nunca, no se lo habían permitido. Se

desbordaba por ello y lloraba en el silencio de su casa, rota, vencida, sola.

Cada día era un amanecer de lucha, sin ilusión ni alegría.

Su único consuelo era bajar al río a esperar algo que no sucedía, allí permanecía horas mirando a lo lejos y regresaba cada día sola de nuevo, vencida, a su triste hogar.

Se acercaba el invierno, el tiempo no se detenía, entonces todo sería más duro, más difícil para ella.

John esperó, sabía que llegaría su momento.

Encontraría la oportunidad, aprovecharía la ocasión.

Esperaba el cazador ver a su presa débil, indefensa.

Sería fácil, ella se conformaría con él, no tenía opción, y él necesitaba a alguien que cocinara y le saciara. Como tenía mala fama en el pueblo no podía elegir, nadie lo quería, era despreciable. Susana era sin duda su única opción, ella lo aceptaría.

Además, estaba la deuda, le debían dinero, si no lo aceptaba, Susana tendría que pagarle, cosa que a la vista estaba le era imposible

Aceptaría. Pronto se casaría.

Estaba él seguro de ello.

Lo intentaría primero por las buenas. Él sabía hacerlo si quería.

Pasaron los días y decidió que había llegado el momento.

Amaneció ese día dispuesto a conseguir su propósito, se arregló un poco, se peinó y medio lavo, y salió a la calle con la seguridad de que saldría victorioso de su plan.

Iría a su casa, hablaría con ella, estaba contento, nada fallaría.

Había esperado el momento, Susana lo necesitaba, sin ninguna duda lo aceptaría.

Enfiló calle arriba y en su cara se veía algo parecido a una sonrisa de dientes negros y apestosos, verdaderamente era un hombre difícil de aceptar, ni su aspecto, ni sus modales, no tenía nada que lo hiciera mínimamente atractivo. Le seguían sus vicios y aunque solo eran rumores, sus actos delictivos.

Una joya de hombre, sin duda.

Los vecinos, que ya habían amanecido, lo seguían con la mirada, curiosos, queriendo intuir a dónde iba.

No imaginaban ellos su propósito.

Estaba un poco nervioso. Mínimamente.

Era un hombre de poco corazón y pocos sentimientos.

Se acercó a la puerta y, con gesto decidido, llamó.

Nadie abría la puerta, se puso más nervioso y esta vez golpeo más fuerte.

Susana, al escuchar los golpes en la puerta, se sobresaltó, estaba ya despierta, en la cocina.

Se extrañó, no solía visitarla mucha gente y menos a esas horas tan tempranas, dudó en abrir, no tenía ninguna gana de ver a nadie.

Se había vuelto poco sociable y como estaba sumida en una depresión, tampoco ella era buena compañía, prefería estar sola y llorar sus penas en soledad.

Al insistir y golpear más fuerte, salió.

Cuál sería su sorpresa al abrir la puerta, no deseaba ver a nadie, pero a John menos que a cualquiera. Sin embargo, un hilo de esperanza recorrió su cuerpo, tal vez tenía noticias de Mary.

—¿Es Mary?, ¿ha aparecido? —le preguntó directamente sin dar ni los buenos días.

John respiro profundamente, tenía que ser cortés.

—No, Susana, no tenemos ninguna noticia, además tú sabes que lo más probable es Mary que haya muerto, tienes que aceptarlo. Estamos solos los dos.

Lo dejó caer, a ver si ella lo veía venir y se ahorraba las palabras.

¿Entonces que quería este?, ¿a qué había venido?, ¿por qué se había molestado? Y tan temprano, no le hacía ninguna gracia verlo allí.

John habló, no quería postergar más la situación, parecía que se estaba creando mucha tensión y no quería eso.

—Mira, Susana, como te he dicho, tú y yo estamos solos y tú necesitas un hombre que te ayude, no podrás sobrevivir sola, no se te ve muy bien, si tú quisieras… He pensado que, ya que íbamos a ser familia, tú y yo podríamos casarnos.

¿Cómo?, no era real, no era verdad lo que estaba oyendo, sí, estaba soñando, se había levantado despierta de la cama y estaba soñando, mejor dicho, tenía una pesadilla.

Susana odiaba a este hombre, por él estaba ella segura había desaparecido Mary.

Pobre Mary… pensar que ella aceptó su boda con él, eso no se lo perdonaría nunca, ¿cómo se atrevía él a pedirle matrimonio?

Y, además, estaba la muerte de Billy… su taberna fue el último lugar que visitó, ¿tendría algo que ver él también?

Esto solo pasó por su mente, era cosa de Susana, nadie acusó esta vez al tabernero de la muerte de Billy, pero Susana quería culpables y él era una buena opción.

Cuando pudo reaccionar, después de unos minutos de silencio, que parecieron eternos, contestó.

John parecía ya ansioso, algo nervioso, frotaba sus manos fuertemente, pero espero su respuesta.

—No voy a casarme contigo, John —lo gritó fuerte.

Estaba ahora furiosa, pensaba en su hija, en su dolor.

—Aunque fueras el último hombre de la Tierra no me casaré jamás contigo, antes muero de hambre, ¿me escuchas John?, ¿crees que acaso me importa morir?

Cerró la puerta de un portazo y no dio posibilidad a John de reaccionar, estaba verdaderamente furiosa. Ni en sueños, jamás se casaría con él.

Él se quedó paralizado, tardó unos segundos en reaccionar, estaba seguro de que lo aceptaría por necesidad, no esperaba esta respuesta, no estaba preparado, lo pilló desprevenido.

Reaccionó y sintió mucha rabia por su desprecio, golpeó fuertemente la puerta con ira.

Susana, como era de esperar, no abrió. No le contestó siquiera.

El dolor por la desaparición de Mary, la situación y el desespero que ella sentía la había hecho llorar, lloraba ahora desconsoladamente en su cama, nada podía importarle ya.

—Abre, estúpida, tengo que decirte algo, abre o te aseguro que tiro la maldita puerta.

Estaba, ahora sí, enfurecido, este era el John que todos conocían.

No abrió, no salió. Por unos momentos John no sabía qué hacer.

Se marchó, asombrosamente, decidió irse. Había ya mucha gente en las calles y no quería llamar la atención, ya tenía suficiente con las habladurías que de él se decían, pensó él.

Se marchó, pero la vería. Esto no acaba aquí.

La esperaría, encontraría el momento.

Se casaría con ella sí o sí, Susana no tenía opción.

Parecía ahora el diablo calle abajo, la gente se apartaba a su paso, nadie quería molestarlo.

Verdaderamente era un hombre detestable.

Eso pensaba ahora Susana, sumida en un mar de lágrimas.

¿Cómo había ella consentido que su hija se tuviera que casar con semejante bestia? Lo había aceptado, tendría que haberse opuesto, su hija valía demasiado para este animal.

No, no se lo perdonaba y el dolor la consumía por dentro.

Ya no era la mujer fuerte y robusta de hacía unos meses atrás, se había consumido y ahora estaba pálida y débil.

—Debí de haberme negado, Mary es mi hija, él no podía obligarme, ella era mía, solo mía, no debí de haber consentido jamás esa boda.

No encontraba consuelo.

CAPÍTULO 11

VENGANZAS

Esto no quedaría así, no se iban a reír más de él.

Ni Susana ni la gente de este pueblo, "¡estúpidos!", pensaba él.

Se pasó los días malhumorado, más de lo normal, y bebía también más de lo habitual.

La gente lo rehuía, por esos días no había muchos que se acercaran a la taberna, solo algún borracho en busca de su vaso de alcohol diario que, en verdad, le importaba bien poco el estado o las preocupaciones del tabernero, solo quería su bebida.

Ese día fue tal su borrachera que en un rincón del local quedo casi muerto, ebrio, se había hecho sus necesidades encima, su estado era lamentable. Nadie lo tocó, nadie se inmutó, alguno aprovechó para llenar su copa de más y no pagar, total no se enteraría.

Empezó a revolverse y hablaba algo, pero no se le entendía, tenía los ojos blancos, estaba ido, pero se revolvía y con la mano parecía que empujara a alguien o lo ahuyentara, parecía poseído.

Se veía dolor en su cara, miedo, sí, el tabernero estaba aterrado.

Jamás lo había visto nadie con miedo, era el hombre más descarado y sinvergüenza que nadie conocía, no temía a nada.

A casi nada, al parecer.

Despertó un día después, sin saber qué le había ocurrido.

Sucio por su propia mierda y orín, estaba desorientado.

Recordaba vagamente un sueño, pero era solo un sueño, no tenía por qué preocuparse. Quería creer que había sido un sueño y, si no lo pensaba, era como si no hubiera sucedido.

Se aseó, se recompuso y esperó a Susana en el callejón, no había olvidado su desprecio.

Iría a la iglesia, como cada domingo, pensó él.

Siempre lo hacía desde que había desaparecido Mary.

Eso le aportaba algo de consuelo.

Se preparó Susana, como cada domingo, para acudir a su cita con Dios. Oraba por Mary, pedía perdón por su cobardía, le suplicaba a Dios un poco de esperanza.

Ese día tenía una sensación muy extraña, algo le apretaba el pecho desde que se había despertado, algo malo le deparaba.

Salió a la calle, empezaba a hacer frío, le recordaba que el invierno ya estaba ahí y sería uno de los peores de su vida.

Lo pasaría mal, sola, sin casi leña y poco dinero para nada. Tal vez tuviera suerte y se la encontrarían un día muerta en su cama, descansaría así por fin.

Se cubrió la cabeza con un paño y bajó la calle dispuesta a confesar sus penas.

Giró el callejón y una mano la sorprendió y la metió en un portal. Era él, John.

Gritó Susana, desesperada, no sabía qué le pasaba, pero él rápidamente le puso su sucia mano en la boca y ahogó el grito para que nadie la escuchara. No había gente por la calle, nadie podía ayudarla.

La arrastró un poco más abajo, aprovechando que nadie los veía.

La acorraló contra la pared, le levantó la falda y la violó rápidamente, bruscamente, como él siempre hacía.

Parecía extraño, pero Susana también se quedó paralizada, tal y como había hecho Mary. En aquellos tiempos, se repetía la historia.

Ese olor era de lo peor, ese aliento… sus manos…

No podía ya sentirse más humillada, nada la podía hacer sentir más sucia ni más desgraciada.

No podía pasarle ya nada peor, pensó Susana, era imposible.

Nada hacía ya que tuviera ganas de vivir, nada la retenía allí.

Acurrucada en la cama, lloraba como era tan habitual en ella y sin querer recordar, le venían a la cabeza las imágenes de él abusando de ella, del dolor que sintió, del asco, de la impotencia. La había violado y la había dejado tirada en el portal, sola. Para él había sido otra victoria más.

Sí, se sentía victorioso, no se reía de él una mujer, así aprendería.

Alguien encontró a Susana desconsolada en el portal y la ayudaron a llegar a casa.

Como era normal en ella, últimamente, verla llorar o perdida, todos pensaron que era debido a la pena por la muerte de su esposo y la pérdida de su hija.

Sí, había sido demasiado para Susana, dos pérdidas casi el mismo día, era normal verla así, de esas guisa. Nadie preguntó, nadie sospechó.

Algunos llegaron a pensar que Susana había perdido la cabeza, pasaba horas y horas con la mirada perdida junto al río, mirando a lo lejos, más allá, esperando…

Así que la dejaron en casa y nadie sospechó nada de las perversiones y malezas del dichoso tabernero. Quedó impune otra vez, sí, realmente parecía otra victoria de las suyas.

Pero para él no había sido suficiente.
No tenía suficiente.
Había una deuda y se la saldaría.
Nadie le robaba a él, pagarían con la vida o con la muerte.

CAPÍTULO 12

JUSTOS POR PECADORES

Parecía ya imposible que algo peor pudiera pasarle, había dejado de salir casi a la calle por miedo de encontrarse con él, salía lo justo y en pleno día, cuando la gente más llenaba las calles. Lo aborrecía, le tenía pánico.

Su vida era ahora una tortura, los animales no tenían casi comida, había estado gastando la que Billy había dejado, pero el tiempo pasaba y la comida se terminaba, y los campos ya no se trabajaban. No tenía dinero, ni fuerzas, ni ganas.

No había ya nada de aquella mujer que se levantaba temprano y cocinaba y servía a su familia y a los animales con esmero. Susana estaba muerta aún con vida.

La tristeza se había apoderado de ella.

Imposible peor, era imposible una vida peor.

Pero la vida a veces nos sorprende y nos da aquello que más tememos y los miedos se nos cumplen.

Llamaron a la puerta, estaba medio dormida o ida.

¿Quién era? Pensó en él, se estremeció. Tenía miedo.

Volvieron a llamar, suavemente.

No, no era él, demasiado suave para ese animal.

Se levantó tambaleando, abrió la puerta y vio unas caras desconocidas para ella. Eran dos hombres, pero no los conocía.

No entendía ni sabía quién eran, tampoco le importaba mucho, quería estar sola, que la dejaran tranquila.

Preguntaron si era la esposa de Billy, ella dijo que sí, más sorprendida si cabe. Conocían a Billy.

—¿Podemos pasar? —dijo uno de ellos—. Será mejor que nos sentemos.

Entraron en la casa y se sentaron, Susana se sentó y esperó.

Empezó a hablar el más alto de los dos, eran de aspecto fuerte y tenían cara de pocos amigos, pero estaban tranquilos.

—Su esposo —dijo—, era un gran jugador.

—¿Cómo?, ¿jugador?, ¿de qué?

Continuó el hombre, quería terminar pronto.

—Apostaba fuerte, sin embargo, no tenía mucha suerte, era demasiado ansioso y avaricioso, y siempre quería más, no se conformaba.

No entendía, estaba totalmente perdida, ¿de qué hablaban?

Él no jugaba, no lo había hecho jamás, se confundían de hombre, era imposible.

—Nos debía mucho dinero, la noche antes de morir perdió mucho dinero. Ese día estaba descontrolado y se le fue todo de las manos, perdió, prometió pagar, pero murió. Nosotros, señora, solo venimos a cobrar lo que es nuestro.

Se tambaleó, ella no tenía dinero ni para comer, sería imposible que pagara, no podía hacerlo, así se lo hizo saber.

—Pero yo no tengo dinero, estoy sola, y no puedo ni

alimentar a los animales, morirán pronto de seguir así, ¿cómo voy a pagar? ¡Es imposible!

¿Quién había dicho que no se podía estar peor?, ¿quién había pensado que ella había tocado fondo antes?

Empezó a sudar, a temblar, ¿qué harían con ella si no pagaba?

Volvió a hablar el mismo hombre, estaba serio.

—Una deuda es una deuda, señora, y usted tendrá que pagar. No se preocupe, no es dinero lo que debe, su marido nos entregó la escritura de su casa, la casa es ahora nuestra.

Imposible, ahora sí, imposible sentirse peor, estaba en la calle, así sin más, sin saber nada de apuestas. No pensó jamás en ella.

Jodido Billy, nunca valió mucho, pero esto era demasiado, ¿qué haría?, ¿a dónde iría?

Los dos hombres ni se inmutaron, no les preocupaba su situación, no era su problema. Tenía que abandonar la casa y pronto, en unos días debía salir de allí.

No había opción.

Los rumores corren, las noticias vuelan y si son malas, más.

Llegó a oídos de John.

—Zorra —pensó —. Ahora caerá.

Era ya más por despecho que por necesidad, se habían burlado de él y lo pagaría ella, por los tres.

Qué gris oscuro se había tornado el día y toda la vida para Susana, ¿qué le quedaba ya?, ¿para qué tenía que continuar con su vida? Nada tenía ya sentido, ya nada valía la pena.

Bajo al río, deambulaba, se sentía perdida y miró a lo lejos como siempre hacia…

Se quedó con la mirada perdida, a lo más lejano que alcanzaba su vista, se sentía tan frágil, tan pequeña, tan rota.

Entonces sucedió, lo vio, sí, estaba segura de que era él, no era un espejismo.

A lo lejos, muy a lo lejos, pero era él.

Parpadeó unos segundos por si era una alucinación y desapareció.

Se había desvanecido. Lo había visto, estaba segura.

Había una pequeña esperanza ahora en su vida, era una señal, tenía que confiar en su intuición.

LA VUELTA A LA REALIDAD

Drog y Mary tenían que volver a la realidad, lo que entre ellos había pasado era algo muy especial. No había palabras para describir la magia de ese momento, ni ellos mismos podían entender qué había sido eso tan grande, tan nuevo tan maravilloso, una mezcla de sensaciones tan especiales. Jamás volverían a sentir aquello, no con otras personas, de eso estaban seguros.

Era sin duda algo más que sexo, entre ellos había lazos muy especiales, sus miradas bien lo decían.

Estaban, ahora, entrelazados y se besaban y sus manos no podían dejar de tocarse ni de mirarse. Sus pieles se sentían cómodas con el contacto, sus cuerpos deseaban el contacto y, por ello, se dejaban llevar una vez más por esa pasión desmesurada, llena de algo más y de esperanza.

No había ninguna timidez en ellos, era como si toda la vida hubieran estado explorando esos cuerpos, era como si se amaran desde antes, desde siempre.

Y se amaron esta vez más, si cabe, que la anterior, sabiendo que había una despedida esperando.

¿Por qué no se la llevaba con él? Ella quería partir con él, nada bueno le esperaba ya en su pueblo.

Estaba su madre, pero su padre no se preocupaba por ella. Sin embargo, su madre sufriría, estaría preocupada por ella.

Pero él no le dijo nada, no le ofreció esa posibilidad, no querría que fuera con él, pensaba ella triste, pero conformada. Tampoco se conocían.

Se levantaron de la cama muy a su pesar, después de apurar el tiempo al máximo, no querían separarse, ninguno de los dos deseaba marcharse, eran momentos de verdadero sacrificio.

Llamaron al sanador, él se llamaba Greg, tenía que ver a Mary, estaba totalmente recuperada.

Él la inspeccionó detenidamente, no se sorprendió por verla tan bien, con tanta vida, ya lo sabía hacía horas. Miró más allá del cuerpo, más adentro, y sonrió.

Sí, Greg sabía mucho más de lo que decía y veía mucho más de lo que nadie sabía.

—La vida continúa, seguiremos nuestros caminos y se volverán a cruzar en su momento. Estás sana, llena de vida, ahora tú debes cuidarte, tu madre te espera, vuelve con ella.

¿Cómo sabía el de su madre?, ¿por qué quería que se fuera con ella?, no entendía, pero acató. Últimamente no entendía nada, pero de algún modo sabía que debía hacer lo que Greg decía.

La mirada de Greg, o algo en él, le daba una sensación de seguridad, se sentía segura, protegida, se haría lo que él decía. Él era un hombre sabio, pero era algo más, ella lo intuía.

Sí, él sabía lo que ella necesitaba, se lo daría en su momento, no estaba preparada.

No fue fácil despedirse para ellos.

Drog sabía que ella no podía ir con él, en su tierra le esperaban y ella no sería bien recibida.

No, no se arriesgaría, no le harían daño, no por su culpa.

Él la acompaño hasta el río, sin prisa, caminaban despacio y hablaban, sin decir mucho, sabían sus nombres y sabían lo que sentían, lo notaban, era de verdad algo tan grande. El día parecía que se había puesto en armonía con ellos, hacía un sol cálido, poco normal ya para esa época del año.

Se veía todo tan hermoso, parecía verdaderamente un día de primavera con sus flores y los pájaros cantando.

Una primavera que Mary no había conocido en su vida.

Ni de niña sintió esa felicidad que ahora la desbordaba.

¿De dónde había salido este hombre que tantas cosas y tan grandes le había hecho sentir?, ¿por qué aparecía en sus sueños antes de conocerlo?

No quería marcharse, no quería dejarlo ni dejar de sentir aquello.

Quería seguir a su lado.

Quería estar con él para siempre, lo amaba, estaba segura de ello.

Lo amaba incluso ya antes de conocerlo.

Tenían que marchar, se tenían que separar, a ella la montaron en una pequeña balsa que no parecía muy estable, pero Drog le aseguró que llegaría sana y salva a su destino.

—Greg te guiará, aunque tú no lo veas, él será tu guía, confía, ten fe. Te guiará incluso cuando ya no estemos, solo tienes que sentir tu corazón, él está ahí, contigo.

Drog, gran guerrero, había salido victorioso de miles de batallas, a cual de todas más peligrosa, y siempre regresaba con vida a su tierra con los suyos, por los suyos.

Y ahora parecía morir por dentro, por esta despedida que le desgarraba el alma y le hacía sentir ahora tan vulnerable.

No quería dejarla, no quería partir.

Deseaba quedarse con ella, olvidar su vida y poder así vivir una vida con su amada.

Sí, la amaba, de ello estaba seguro.

Partieron, pues, cada uno hacia sus destinos.

Mary, río adentro.

Drog, montañas adentro. Eran caminos tan distintos.

CAPÍTULO 14

ESPERANZA

Las vidas de ellos ya no serían jamás la misma.

No era casualidad lo que entre ellos había pasado.

Pero fuera por la causa que fuera, ya no podrían olvidar jamás aquellos besos.

Fueron más que besos.

Y ahora, después de todo, ¿cómo se podía volver a la realidad de una vida mediocre?, pensaba Mary.

—¿Cómo voy a volver a esa vida?, no podré.

Las lágrimas le brotaban de sus ojos, desesperada, sabiendo lo que al llegar a su destino le esperaba, a medida que la balsa avanzaba, aumentaba su tristeza.

Miró el río y pensó en morir de nuevo.

Había sobrevivido de una muerte segura y ahora tenía que volver a los brazos de su verdugo para morir de esa manera.

Pensar en él, en John, si la desesperó. Se levantó impulsivamente de la balsa, miró a lo lejos dispuesta a terminar con todo, no podía volver para casarse con John.

Entonces sucedió algo.

Esa voz, esa que la había llamado tanto tiempo, le habló de nuevo en susurros.

Era la misma que le decía:

—Mary… Mary…

La llamaba para que atendiera, no podía lanzarse al río, tenía que escuchar lo que tenía para ella.

—Debes seguir viva, esta vez lo harás por tu hijo. En tu vientre hay una nueva vida, por ella y por lo que representa debes luchar por tu vida y por la suya.

No podía creerlo, ¿era eso cierto?, ¿cómo podía saberlo?

Se tocó el vientre plano como una tabla, no notaba nada, quién podía saber lo que allí dentro había. ¿Cómo?

Respiró profundamente, se sentó, ya no quería caer y mucho menos lanzarse al agua.

Acarició, ahora, más calmada, su tripa y sintió que era verdad, que una nueva vida había en ella.

Fue algo extraño, como todo últimamente en su vida, pero supo que esas palabras eran verdad, solo con tocarse el vientre lo supo, no le mentía.

Lucharía, pues, ahora por esa nueva vida.

Por su amor, por lo que había sentido.

Viviría por él y para él, ahora parecía tener significado su vida.

La balsa la guio mágicamente hasta su destino.

Tardo muchas horas, tuvo tiempo de pensar en algunas cosas: lo que le diría a su padre y cómo afrontaría lo de su hijo.

Y John, a él no lo quería ver, no, con él no se casaría, seguro.

Y pensaba en Drog, si él supiera, si supiera lo que había en su interior. Era muy pronto, pero ella lo sabía, sabía que la voz no la engañaba, lo sentía cada vez que con su mano se acariciaba la piel de su tripa.

¿Vendría a por ella si lo supiera?… esto jamás lo sabrían.

Ni él la vería, ni seguramente se enteraría y este niño no conocería a su padre.

Pero no podía estar triste, ahora tenía que ser fuerte, tenía que sacar muchas fuerzas, le esperaba un duro camino por recorrer.

Le hablaría al niño de su padre y de que era un gran guerrero, le contaría de su amor y lo mucho que se quisieron.

Lo tendría siempre en su recuerdo, jamás olvidaría a Drog.

Esta vivencia a ella la hizo madurar mucho, creció de repente años y se hizo mujer, adulta, segura.

Le haría falta todo esto.

Anochecía casi cuando atracó la pequeña balsa en la orilla.

El mismo sitio donde ella había estado la última vez con las ropas sucias para lavarlas.

Y todo seguía igual como si fuera ayer el día en el que ella había partido…

Y todo había cambiado tanto como si fueran años los que hubieran pasado.

Bajó tranquilamente y caminó lento, pero decidida hacia su hogar.

Desde lo lejos veía la casa, le extrañó que sus puertas estuvieran tan cerradas, no se veía luz alguna.

Era extraño, se acercó y empujó, pero no se habría.

Llamó suavemente y nada, no contestaba nadie.

Parecía todo tan desierto, tan abandonado, ¿habría enfermado su padre?

Llamó más fuerte y nadie contestaba, rodeó la casa y se acercó a las cuadras. No había animales, estaba vacío.

Empezó a preocuparse seriamente.

¿Qué había pasado?, ¿dónde estaba su madre?

Corrió, pues, calle abajo, en busca de alguien que pudiera informarla. Anochecía, las calles ya estaban desiertas.

Se acercó a la iglesia, pero a esas horas las puertas ya estaban cerradas.

Giró por el callejón y, al coger la calle principal, vio una cara muy conocida para ella.

Tenía la cara desencajada por la sorpresa y la miraba fijamente como si de un fantasma se tratara.

Se restregaba los ojos fuertemente y no salía de su asombro.

Ella, por su parte, tuvo el impulso de huir, de correr en dirección contraria.

Pero no, no lo haría, esta vez no.

Con paso firme se adelantó y se acercó a él, era John.

—Sí, soy yo y soy de carne y hueso, y ni se te ocurra acercarte a mí ni hoy ni nunca —de un tirón lo dijo Mary.

Más sorprendido se quedó John al oír las palabras, ¿dónde estaba la niña esa que tanto le temía? Y ¿de dónde salía ella?

¿Dónde había estado todo el tiempo?

La examinó sin decir palabra, todavía no podía, no le salían.

Estaba más bella que nunca, tenía algo especial que la hacía deslumbrar, había cambiado mucho en tan poco tiempo.

Ahora la deseaba más… sería suya de nuevo.

CAPÍTULO 15

ENCUENTROS

Como con todo lo que allí sucedía, ya habían volado las buenas nuevas y había llegado a oídos de Susana.

Corría calle arriba gritando su nombre.

—¡Mary, Mary! Estaba segura de que volverías, nunca lloré tu muerte. ¡Sabía que volverías! Él me lo dijo, escuché una voz que me decía que vivías.

Las dos se fundieron en un fuerte abrazo y lloraron de emoción, alegría y desconcierto.

—¡Qué guapa estás, hija!

En cambio, ella estaba más demacrada que nunca, delgada, pálida, triste. Parecía más cerca de la muerte que de la vida.

—He ido a casa, mamá, ¿dónde está padre?, ¿y los animales? ¿Por qué está todo cerrado?

Ella, Susana, cambió rápidamente la expresión y bajo la mirada.

—Mary, tenemos que hablar —dijo muy seria.

La cogió del brazo y la dirigió hacia la taberna.

Mary no salía de su asombro, pero la dejo hacer, quería saber qué pasaba, la dejaría hacer a su manera.

John las siguió con su sonrisa maliciosa.

Qué estaría pensando el sucio cerdo este, pensó ella.

Se sentaron en un rincón semioscuro del local, John remugaba unas palabras de queja, pero lo ignoraron.

Susana le preguntó dónde había estado.

—¿Qué ha pasado, Mary?, ¿dónde has estado todo este tiempo?

Y algo que desconcertó a Mary profundamente.

—Lo has visto, ¿verdad? Lo viste, viste a Greg.

¿Cómo conocía ella al sanador?, ¿cómo podía ser eso?, ¿de dónde?, ¿cuándo?

Tantas preguntas se le agolpaban en la cabeza, tantas cosas por saber.

Pero primero era su madre, tenía que contarle qué le pasaba y por qué estaba así, con tan mal aspecto.

Comenzó, pues, entre lágrimas y sollozos, a contar todo lo que había pasado después de su marcha.

Le contó la muerte de su padre y la pérdida de la casa por las deudas de Billy.

Le contó que ella no tenía fuerzas para sacar la casa adelante y que lo había perdido todo, que se sentía sola muy sola y triste, muy triste. Y ahora se sentía peor, lo había perdido todo y no había sabido luchar por ello.

Mary no podía creer lo que su madre le contaba, tantas cosas desde que ella había desaparecido.

¿Su padre muerto?

La casa perdida.

Todo el dolor sufrido por Susana sin ningún apoyo de nadie.

—Pobre mamá. Todo este tiempo sola.

Se lamentaba ahora Mary.

Él le dijo:

—Ve, tu madre te necesita.

¿Cómo sabía eso?, ¿acaso veía todo el sufrimiento que estaba pasando ella? Greg era un ser mágico, ya no cabía duda.

Quedaba lo peor por contar, se armó de valor, se sentía cobarde al repetir la historia en voz alta, pensaba que tenía que haber luchado más, por su vida.

Susana siguió con su relato, tenía que contarlo.

—Tu padre tenía una deuda con el tabernero. Él pagó el día que te ofreció a ti en matrimonio con él. Al tú desaparecer, quiso cobrarse la deuda conmigo. Me negué, hija, me negué y me violó. Pero cuando me vi en la calle, no tuve más remedio que aceptar, no tenía fuerzas, no podía más, tienes que entenderme, acepté, hija, y me casé con él. Dos semanas hace ahora del fatídico día, dos semanas de infierno.

»Ahora John es tu padrastro. Y mi carcelero, mi vida es una tortura desde que lo acepté. Me queda el consuelo de pensar que por lo menos tú ya no te tendrás que casar con él. Tú quedas libre de esa deuda. Menos mal que no has venido antes, ni pensarlo quiero, de algo ha servido mi cobardía.

Mary alucinaba por momentos, la historia cada vez era más surrealista, pero el final era lo peor: su madre casada con él. El sucio John que también la había violado a ella y ahora era su padrastro.

Su madre corría peligro y ella tal vez también, y su hijo.

Tenía que pensar qué podía hacer.

Ahora estaba abrumada, no podía aclarar las ideas.

Demasiadas cosas.

¿Y el sanador?, ¿quién era realmente ese hombre?

Su padre estaba muerto, eso le dolía, pero ciertamente no era lo peor.

—Nunca me quiso —dijo Mary en voz alta sin saberlo.

Lo peor era estar en manos de John, ahora las dos bajo su mismo techo.

No le había confesado, a su madre, que ella también había sido violada por John. No lo hizo, la haría sufrir y no tenía ya solución.

Y pensaba en su hijo, cerca de él no podía crecer, cerca de este hombre no lo consentiría.

Tenía que pensar…

Encontraría una solución.

Tenía que hacerlo.

CAPÍTULO 16

EL RETORNO A LA VIDA

Acontecían tiempos difíciles, Mary se instaló en el hostal, no había más remedio.

No había dicho a nadie todavía de su embarazo, esperaría.

Esa noche subió a la habitación después de hablar con su madre, pero se sentía muy mal en esa casa, muchos recuerdos que no le gustaban y muchas malas sensaciones se apoderaban de su cuerpo.

La mirada de John la perseguía, era una mirada que la penetraba profundamente.

La desnudaba, se recreaba en ella descaradamente y Susana también lo veía, sufría por ello, sabía de lo que John era capaz.

Sí, si lo serían, tiempos muy difíciles y malos de llevar.

Por su hijo, tenía que aguantar por su hijo, buscar una salida.

Pero ¿qué podía ella hacer?, ahora no tenían nada, ahí tenía por lo menos un techo y era invierno, hacía frío, estaba embarazada.

Esto, pensaba ella, sería temporal, hasta encontrar una alternativa.

En estos tiempos, una mujer sola no era fácil que pudiera salir adelante, ellas no contaban, nadie las tenía en cuenta y menos como mujeres independientes, y menos embarazadas y solas. Sería un escándalo, la repudiarían, callaría de momento, alguna solución hallaría.

Esto sería otra batalla que solucionar, nadie entendería lo de su embarazo.

Cuando todos se enteraran, cuando se viera su embarazo.

¿Cómo haría ella?

Bueno, de momento era pronto, tenía tiempo, tiempo para pensar.

Y la pregunta que le daba vueltas a la cabeza constantemente.

¿Qué sabía su madre del sanador?, ¿por qué sabía su nombre?,

¿cómo lo había conocido? Y, ¿cómo sabía él de su madre?

"Tu madre te espera" le dijo. La conocía, ahora estaba segura.

No pegó ojo en toda la noche. Y lo poco que lo hizo, se le aparecía Drog en sus sueños. Esos ojos negros se le clavaban hasta el alma y, aun así, en la distancia, se estremecía de placer.

Drog, ¿quién eres?, ¿de dónde eres?, ¿por qué te has marchado?

Todas estas preguntas y las anteriores, todo estaba dando vueltas en su cabeza, parecía que le iba a estallar. No dormiría nada, no podía.

Esa mañana, la primera en el hostal, cuando Mary se levantó, ya sabía bien lo que le esperaba allí.

El tabernero fue quien la recibió al bajar la escalera.

Susana estaba en sus tareas diarias o en la cuadra con los animales, o bien en el río lavando la ropa.

Se levantaba temprano para tenerlo todo listo a media mañana, después tenía que cocinar para los clientes del hostal.

Una vida muy esclava, no tenía ni un solo minuto del día para ella, ni uno solo. Buen negocio había hecho John, y por las noches la azotaba y se cebaba con ella, quería cobrar y lo hacía con sus carnes, a su modo.

Bajó Mary la escalera y allí estaba él, tan repugnante como de costumbre, esperando a la presa.

—No creerás que, si vas a dormir en mi casa, no vas a trabajar, aquí no se viene a disfrutar. Te ocuparás cada mañana de limpiar el hostal y las habitaciones. Y tendrás que madrugar más.

Se le acerco dos pasos hacia ella, pero ella, segura de sí misma, con su mirada, solo con la mirada, lo frenó en seco.

Parecía que tenía una fuerza nueva, era como si algo la empujara desde el interior a ser más valiente.

Se acarició el vientre como un acto reflejo, sonrió.

Era algo más grande, lo sabía, estaba en su interior y ya la protegía.

Acató las ordenes, era de esperar, ella sabía que debía trabajar, lo había hecho toda la vida. Así era la vida de las mujeres, obedecer sin más.

Salió al portal para abrir las puertas y unos murmullos se escuchaban desde el exterior.

Abrió y se asomó.

La gente se agolpaba en la calle, todos quería saber de primera mano si era cierto que Mary estaba viva.

Menuda cara de sorpresa al verla asomarse por la puerta, seguido de un gran… "¡oh!". Algunos incluso se santiguaron como si de un fantasma se tratara.

Pero todos coincidían en lo mismo, hombres y mujeres, incluso los niños.

Mary estaba más guapa que nunca.

Era una belleza deslumbrante.

La misma que veía el tabernero y la seguía con la mirada donde fuera que estuviera ella.

Ya se había ocupado él de darle las labores de casa para tenerla cerca y así poder verla, controlarla y tal vez…

Sucio, asqueroso, pensaba Mary cada vez que lo veía observándola descaradamente.

En verdad era un hombre muy desagradable.

Quería ella hablar con su madre, pero no iba a ser tarea fácil.

El tabernero ya se había ocupado de que no coincidieran mucho, no quería que hicieran fuerza en contra de él y las mantenía alejadas en todo momento.

Pero a mediodía estaría en las cocinas, pasaría a verla, tenían que hablar.

Las habitaciones del hostal parecía como si nadie las hubiera limpiado en tiempo.

Cuando John enviudó nadie ocupó el lugar de su mujer y esos trabajos, seguramente, no los hizo nadie en meses.

Su madre hacía poco que vivía allí y entre las ropas, la compra, las cocinas, los animales… no le quedaba tiempo para mucho más.

Él era un borracho holgazán.

Ahora tenía dos esclavas para él y se restregaba la mano por su miembro sucio mientras lo pensaba, se sentía afortunado.

Cuando su madre entró por la puerta con las ropas limpias, Mary no pudo más que dar un grito de asombro, tenía toda la cara amoratada, se había cebado bien con ella.

—Mamá, ¿qué te ha pasado?

Se acercó a ella, pero John enseguida se interpuso entre las dos y cogió a su madre del brazo y se la llevó a la cocina.

Ella, cabizbaja, no dijo ni una palabra, temía que si le contradecía le volvería a pegar o a Mary. Claro que lo haría, tenía él la mano muy suelta.

Cobarde, eso es lo que era, un sucio cobarde.

Mary pensó en la muerte de su anterior mujer y temió por su madre, se la veía tan frágil, no la hubiera reconocido si se la hubiera encontrado por la calle mezclada con otra gente. No era ni sombra de la Susana de hacía unos meses que, si no brillaba por su valentía, sí por su fuerza y salud.

Era una mujer sumisa, pero nunca se la había visto como ahora, estaba derrotada.

¿Qué le estaba haciendo este cerdo para tenerla así?

¿Qué podía hacer ella para ayudar a su madre?

Más y más preguntas a las ya existentes se agolpaban en la cabeza de Mary.

CAPÍTULO 17

HERMANOS Y RIVALES

El viaje, esta vez hacia casa, se le hizo muy duro a Drog. Tenía que volver, lo sabía, pero dejaba su corazón en esta parte de la tierra, algo muy grande había sentido, jamás olvidaría a Mary.

Sentía que debía quedarse, que podía vivir aquí, pero las leyes, su pueblo, la descendencia, tenía que volver.

Tenía tantas obligaciones que cumplir, dependían de él muchas familias.

Su hermano Trec estaba furioso, habían perdido mucho tiempo por culpa de Drog y esa mujer pálida.

Habían malgastado víveres esperando a que ella sanara y se acercaba el invierno y quedaba mucho camino.

Trec siempre quiso estar en el lugar de Drog, quería dirigir el pueblo y ser su rey, él valía más, eso pensaba Trec. Era más duro y fuerte, sabía que lo haría mejor.

Pero el rey siempre era el mayor y, en este caso era Drog, solo con su muerte pasaría a ser él el rey

Se pasó todo el camino reprochándole el tiempo que habían perdido.

—Por tu culpa, por tus debilidades, a saber quién es esa zorra, seguro que te has acostado con ella.

Trec siempre tan celoso de su hermano.

Drog se encendió, se le puso la cara roja y de un puñetazo le partió la nariz a su hermano.

—Jamás vuelvas a nombrar a Mary, y menos para decirle zorra. Si pudiera, ten por seguro que ella reinaría conmigo y tú te arrodillarías ante de ella.

Esbozó una sonrisa de asombro.

—Sabes que eso nunca pasará, ahora resulta que Drog, el gran guerrero rey de Forward y descendiente de Solfa, se ha enamorado de una humana cualquiera. Ja, ja, ja.

Reía Trec viendo a su hermano dolido, disfrutaba con su dolor.

No eran hijos de la misma madre, Trec nació un año después que Drog, fruto de una infidelidad de Solfa, su padre, pero los reyes en Forward podían traer al matrimonio los hijos fruto de su infidelidad y su mujer tenía que criarlos como suyos.

Aunque nadie las obligaba a amarlos.

Y creció sin mucho amor y muchos celos, la rabia lo consumía y quería lo que no le pertenecía, el reino.

Así pues, se criaron sin mucho apego, siempre se notó la rivalidad entre ellos.

Greg los calmó, les dijo que tenía que reinar la paz.

—Un pueblo con paz es más fuerte, tenéis que amaros y así os amarán más los demás, vuestro ejemplo es la ley. Dad ejemplo, pues, y dejaros de tonterías.

Apartó a Trec y en susurros le dijo:

—El rey siempre será Drog, tienes que aceptarlo. Las decisiones tomadas en el río son parte de los destinos.

Todo tiene un porqué, no sentencies a nadie o serás tú el sentenciado.

Bien sabía el sanador lo que decía, no eran palabras dichas al azar.

Hombre listo, hombre sabio el sanador.

Caminaron, pues, en silencio durante horas buscando la entrada hacia su pueblo, faltaba mucho todavía, los demás guerreros les seguían, eran fieles a Drog, todos o casi todos…

Eran unos treinta hombres de aspecto fuerte y caras serias, buenos guerreros dispuestos a dar la vida por el rey.

El rey siempre se distinguía por su aspecto, era más apuesto con mejor cuerpo y pelo más largo, su vestimenta denotaba poder.

Drog era hijo de Solfa, rey de Forward, y de Wona, reina de Forner.

Por lo tanto, con su padre fallecido, era él ahora el rey de Forward.

Su madre reinaba en Forner, era una reina muy querida, muy justa, don que Drog había heredado y la fortaleza y la valentía de su padre, y Greg le enseño a ser sabio.

Cuando su padre murió, el poblado lloró su muerte durante varios días de duelo, pero ahora que reinaba Drog, se había ganado a su gente, lo querían de verdad, pero es que Drog amaba a su pueblo.

Greg lo guio desde que nació, fue su maestro, era un gran guía. Le enseñó el poder de la mente y los pensamientos, le enseñó secretos sobre el amor y de su poder y sobre los deseos del alma. Él aprendía rápido, era hábil de mente, pero más hábil por sus ganas. Comprobaba todo lo que Greg le decía, tenía que saber que era cierto. Greg le decía que él lograría todo lo que se propusiera:

—Lograrás todo lo que tú quieras, solo tienes que desearlo desde el alma, después, ir a por ello. Tienes que

luchar por ello, nadie te lo va a dar, tú eres el creador de tu vida.

Esas palabras marcaron su vida, por ellas era quien era, gran alumno Drog.

Greg quería a Drog como si de su hijo se tratara, dio la vida por él y la volvería a dar.

Lograrás todo lo que desees…

Pensaba ahora Drog en esas palabras.

Deseaba más que nada en el mundo estar junto a Mary, su amada.

Greg era más que un sanador, sabía cosas que nadie sabía, pero que todos tenían a su alcance. Esto también se lo enseñó a Drog, por eso era tan especial y querido, sabía las leyes del universo y de su Dios, al que veneraban con devoción.

Sí, formaban un gran equipo: maestro y alumno.

Desde la primera vez que Greg hizo este mismo camino, habían pasado ya dieciocho años.

Tampoco él olvidaba.

CAPÍTULO 18

CONFESIONES

Tres días ya en el hostal y todavía no había podido hablar con su madre. John las hacía comer a diferentes horas, no tenía ninguna intención de que se encontraran.

Mary esperaría. El domingo acudirían a la iglesia, allí hablarían, tenía que saber todavía muchas cosas y contarle a su madre de su hijo, de lo vivido.

Bajó esa mañana ella al río, tenía la necesidad de perder la mirada en sus aguas y en sus recuerdos.

Se sentó tranquila en la orilla, pensaba en su amado, en sus caricias, aquello que la hizo enloquecer de lujuria, pasión, deseo, era amor.

Sentía de nuevo ese deseo que subía por su piel, lo sentía ahí, estaba ahí. La besaba, la acariciaba suavemente, cada zona, cada parte de su piel se erizaba y su mano se deslizaba por debajo de su falda, despacio, pero con ganas. Ella no se lo impedía, se dejaba hacer y confiaba, le susurraba al oído que la

amaba, que la amaría ya para siempre. Esos besos que le daba, eran besos que tanto le hacían sentir y sabían a miel y a ternura. Enloquecían los dos y ahora eran dos torbellinos amándose con locura como si no hubiera un mañana…

Volver a la realidad, eso sí era duro, ¿qué había pasado?

¿Cómo podría hacer ahora para cambiar sus destinos?

No encontraba solución posible y más cuando pensaba que estaba embarazada, ¿dónde podía acudir ella?, una mujer sola y embarazada tendría que trabajar en el hostal, allí al menos tenía un techo y comida.

Además, no dejaría sola a su madre en manos de ese cerdo, la mataría.

Susana había recuperado un poco la ilusión al regresar Mary, pero sufría por ella, veía como la miraba y sufría por si se atrevía a atacarla. Sabía que él sería capaz y esto no la dejaba vivir.

Estaba John esperándola con su cara de amargado, como siempre.

—¿De dónde vienes? —le increpó—. ¿Qué te has pensado tú, que esto es un hotel?, ¡tienes que trabajar!, tu deber aquí es trabajar. Si te mantengo aquí no es para que pasees y holgazanees, o cumples con tus deberes o te echo a la calle. No tengo ninguna obligación contigo, así que no voy a mantenerte, ya sabes, o trabajas o te largas.

Como odiaba Mary a ese hombre y a su mirada lasciva.

Despertaron en la mañana de domingo dispuestas a ir a la iglesia y así hablar por el camino. Mary estaba arreglándose en su habitación, era temprano, quería salir pronto antes que John la viera. Se lavaba, desnuda en la soledad de su cuarto, pero estaba inquieta, se sentía

observada, era una sensación extraña, tuvo la necesidad de apresurarse y vestirse, taparse.

Miró por toda la habitación y estaba sola, ¿qué le estaba pasando?

—¡Mary, céntrate! —se decía ella misma.

Pero no era locura, ni simples sensaciones, desde la habitación continua, John la observaba.

Tenía los ojos salidos de su cara, estaba ardiendo de lujuria, jamás la había visto desnuda, era realmente bella y su cuerpo, parecía el de una diosa con su pelo suelto resbalando por su espalda, tan dorado.

Miraba sus pechos y se acariciaba su miembro detrás de la pared como si fuera un loco poseso, no podía parar, la deseaba, sería suya… y dejaba culminar su pasión en un derrame que le hacía temblar las piernas del placer obtenido.

¿Cómo sería, pues, el placer teniéndola entre sus brazos?

Y se emocionaba solo de pensarlo.

Ya llegaría el momento.

Salió a la calle sola, su madre se reuniría con ella después.

Susana aprovechó que John había desaparecido, no sabía dónde estaba, era temprano, no solía él levantarse tan pronto, pero a ella le vino bien, se arregló rápidamente y salió a la calle sin que él la viera.

Calle arriba estaba Mary.

Se cogieron del brazo y anduvieron juntas hacia la iglesia.

—Estás pálida, mamá, te trata mal, lo sé. Tienes que cuidarte, cuídate mamá, saldremos de aquí un día, lo haremos y tienes que estar fuerte.

Eso quería Susana, estar fuerte y salir de allí y no volver jamás.

Pero no era fácil, nada era fácil para ellas.

—Cuéntame, mamá, ¿cómo conoces tú al sanador, a Greg?, ¿cómo sabes de su existencia?

Tantas cosas se tenían que contar que desviaron su camino y fueron hacia el río, fue un acto inconsciente. Ese río que significaba tanto para ellas.

Se sentaron cerca de la orilla como siempre hacía Mary y allí su madre empezó su relato, su historia y la de Mary.

—Hija, tenía yo dieciséis años cuando sucedió lo que voy a contarte. Yo, como tú, aunque no lo creas, en aquellos tiempos era una niña muy soñadora.

»Pasaba también horas soñando con el amor y bajaba al río, donde nadie me veía y así daba rienda suelta a mis sueños, y cuando volvía a la realidad de nuestra vida, sentía morir por dentro.

»Así lo veían tus abuelos, y pensando que no era una niña normal, apresuraron mi destino aprovechando que la madre de Billy había fallecido.

»Aceptarían, pues, que yo formara parte de su familia, necesitaban una mujer para las tareas del hogar. Tú bien sabes cómo son los hombres y sus necesidades. Mis padres habían acordado unos días antes mi boda con Billy.

»No era el hombre de mis sueños, no quería casarme con él. Pero era consciente de que nada podía hacer. Si fue difícil para ti, imagínate para mí unos años atrás.

»Ese día, desconsolada, me escape al río, bajé corriendo sin escuchar los gritos de mi madre para que volviera, quería huir, quería dejarlo todo atrás. Me acerqué a la orilla y cerré los ojos y me sumergí en lo que yo pensé que era un sueño sin retorno. Escuché una voz que en susurros me llamaba.

La voz, pensó Mary, esa voz que me llamaba a mí, era la misma estaba segura.

—Susana… Susana… —continuó ella con la historia—. Yo estaba desconcertada, lo recuerdo perfectamente. ¿Quién era?, ¿quién sabía mi nombre? Miraba al horizonte y no había

nadie, no veía a nadie, pero seguía escuchando la voz. "Susana… Susana…". Y me envolvía, me arrastraba y me dejé llevar.

Bien sabía Mary de lo que hablaba, bien sabía ella del poder de la voz.

—Desperté en un lugar que no conocía, al otro lado del río, pensé que estaba soñando. Un apuesto joven me tocaba la frente y cuidaba de mí como si de un tesoro se tratara. Nuestras miradas se encontraron y, Mary, me dejé llevar.

Su madre se tapó la cara como avergonzada por lo que había hecho, nunca antes había confesado esto a nadie.

Mary entendía perfectamente y, claro, no la juzgaba. ¿Cómo iba a hacerlo?

La consoló para que se calmara y siguiera contando si historia.

Susana continuo.

—No sé, Mary, quién era verdaderamente ese hombre, solo supe su nombre, Greg. Y que jamás volvería a olvidarlo, bajé durante años al río, esperaba que viniera a por mí, pero nunca lo hizo. Sin embargo, he de confesarte que siempre noté su presencia, no sé si por locura o esperanza, porque siempre quise que volviera a por mí.

»Entonces, cuando tú desapareciste, un día lo vi desde lejos, pero supe que era él y que tú estabas viva. Después de estar con él volví a la realidad, ciertamente no sabía si era un sueño o fue real, estaba aturdida, desperté de nuevo en la orilla, dos días después.

»Mis padres me buscaron y nunca supieron verdaderamente qué había pasado, yo nunca les conté, fue todo un misterio para ellos y para Billy. No preguntaron, el miedo a las respuestas les hizo no preguntar. Semanas después me casé con Billy.

Hizo una pausa, dudó si contarle lo que venía ahora, pero lo hizo, necesitaba liberarse, tenía que hacerlo.

Mary le apretó la mano, la entendía más de lo que ella pensaba, quién si no podía entenderla tanto.

—Mary, no sé si debo decirte esto, espero que puedas perdonarme, pero lo que pasó fue como en un sueño, nunca jamás me arrepentí, eso sí te lo aseguro, pero no sé cómo vas a tomártelo.

—Tranquila, mamá, decía Mary, todo está bien. Te entiendo, podré perdonarte, pero sigue, necesito saber.

—Naciste ocho meses después de que me casara, nadie lo encontró extraño, nadie dudó porque nacieras antes, por el trabajo duro y la vida que llevamos es normal, eso pensaron todos. Pero yo sabía la verdad. Mary, tu padre era Greg. Nunca fue Billy.

Mary empezó a entender algunas cosas de su pasado. Sobre todo, por qué no se parecía a él, incluso, por qué no se tenían tanto afecto. Entendió y no reprochó, parecía incluso que le gustara la idea.

Tenía un vínculo con esa gente que ella también había conocido, formaba parte de ellos.

Sí, estaba segura, le gustó mucho la idea de formar parte de ellos.

Jamás imagino que su madre, tan dura como había parecido todos estos años, pudiera tener sueños.

Nunca le había parecido que Susana tuviera tan profundos sentimientos.

Jamás imagino que su madre también había gozado del placer de ser amada.

¿Habría sentido lo mismo que ella con Drog?

Las mujeres de ese tiempo no gozaban con sus maridos, se dejaban hacer. Era más por deber, no los amaban, ni ellos se preocupaban por ellas ni sabían, tal vez, que ellas también podían disfrutar y sentir. En cualquier caso, no les preocupaba su placer.

Se abrazaron fuertemente y lloraron de emoción.

Susana se sintió liberada, tantos años escondiendo la verdad… ahora podía sentirse libre.

CAPÍTULO 19

REVELACIONES PARA DOS

Habían pasado las horas, demasiadas, John estaría furioso, se levantaron rápidamente y corrieron hacia el hostal.

Había todavía cosas que contar.

Mary lo sabía, pero sería otro día, ahora tenía que correr.

Se sentía feliz, sí, su padre, Greg, la protegería. La había protegido todo este tiempo, lo supo, era el que, en sus sueños o en sus realidades, la llamaba.

Era esa voz.

Era su padre que la guiaba desde no se sabía dónde.

Entendió, pues, que su padre no era un hombre normal, tenía algo de mágico.

Y la salvó. Él, además, la salvó.

Podrían con todo, lo lograrían, saldrían adelante, su madre, ella y su hijo, su tan ya amado hijo.

Se puso la mano en el vientre.

Susana lo vio, pero no dijo nada.

Corrían hacia su cárcel, que de momento era su casa.

Claro que las esperaba, furioso.

Se acercó a Susana rápidamente como un animal en busca de su presa, la cogió del brazo fuertemente y la empujó hacia dentro del local. Susana tropezó y cayó arrodillada al suelo.

Mary le gritaba que la soltase:

—¡Déjala, cerdo asqueroso, déjala en paz!

Se giró hacia ella y, sin tener tiempo Mary a reaccionar, le dio un bofetón que la hizo tambalear y se tuvo que coger de la silla para no caer. No se sabe de dónde, Mary sacó unas fuerzas descomunales y una valentía que ni ella misma conocía, levantó la silla y le dio en toda la espalda a él.

Cayó al suelo fulminado, parecía muerto, no le importó a Mary. Corrió al lado de su madre y la levantó, cojeaba, se había torcido un tobillo, le dolía, se quejaba al apoyar el pie. Mary la sostenía con fuerza, quería que se tumbara en su cama, después, llamaría al médico.

Subían lentamente la escalera, les costaba Mary no era tan fuerte.

¿Cómo había hecho eso ella?, ¿cómo había levantado la silla y tan fuertemente lo había golpeado, si ahora casi no podía sostener a su madre?

Se giró para mirarlo y sintió de repente una mano en su hombro que la estiraba hacia atrás con fuerza, cayeron de nuevo las dos al suelo arrastradas por él.

Se había levantado y, arrastras, había llegado hasta ellas.

Su madre se había golpeado fuertemente en la cabeza, parecía inconsciente, no se movía.

Mary levanto la vista y vio a John abalanzarse sobre ella.

Mary se encendió, sentía mucha ira, muchísima, jamás había estado tan furiosa. Lo miró fijamente y a él le cambio, la cara casi se paralizó, levanto ella su mano y, de un plumazo, lo dejó *KO* en el suelo. Con esa misma fuerza que todavía sentía en su cuerpo cogió a su madre y la subió

a su propia habitación, la tumbó en la cama y cerró con llave. Atrancó también la puerta con una silla, no lo había matado, lo sabía, lo presentía.

Respiraba muy suave, casi sin aliento, Susana parecía casi muerta.

No sabía qué hacer, no quería dejarla sola y salir en busca de un médico, no la dejaría sola, no con él.

Se paseaba nerviosa por la habitación pensando, tenía que pensar qué podía hacer.

Se acercó de nuevo a su madre, la tocó, seguía respirando levemente.

¿Qué podía hacer?, ¿cómo ayudarla?

Se sentía tan agotada, no podía pensar, de repente le entraron unas ganas tremendas, incontrolables, de dormir. No podía dormir ahora, ¿qué le pasaba?, tenía que ayudar a su madre y no dormirse.

—Mary, ¿qué haces?, ¡eres estúpida! —se repetía ella misma.

Era incontrolable, definitivamente podía más que ella y se dejó vencer y, poco a poco, se sumió en un profundo sueño que no pudo evitar.

Ahora ya no quería evitarlo, ahora se sentía bien y estaba en paz.

Tenía a Drog a su lado y vestía ropas de rey, y la gente lo veneraba con alegría. Greg los acompañaba también, estaban festejando algo, parecía algo muy importante. Una señora muy elegante cogía el brazo de su amado, de Drog, le daba un beso en la mejilla y le entregaba algo que el guardaba en su túnica de hilos dorados y flores rojas.

Se acercaba hacia ellos un niño de ojos negros y cabellos largos, reía, se le veía feliz, le cogía la mano a ella mientras miraba con orgullo a Drog.

Greg decía unas palabras que no podía escuchar y la gente aplaudía, parecían todos tan felices, menos uno, había

un hombre entre ellos, parecía enfadado, los miraba fijamente y entrecerraba los ojos. Tenía los puños apretados.

Pero ella estaba feliz, muy feliz, nada importaba.

Susana, en su inconsciencia, empezó a sentir un frío que le entraba desde los pies, subía poco a poco por su cuerpo y se apoderaba de ella. Temblaba, estaba helada.

Sus ojos se abrieron de repente y vio delante de ella una imagen que la hizo sobresaltarse, se levantó de un salto de la cama y empezó a respirar profundamente como si le hubiera faltado el aire y ahora quería recuperarlo todo de golpe. Respiraba y respiraba y poco a poco volvía a la realidad, a la habitación de Mary.

Recobraba el conocimiento y se fue acordando de lo que había pasado un rato antes.

Y vio a Mary en el suelo desvanecida.

No entendía, ¿cómo había llegado ella allí?, ¿y Mary?

Se acercó a ella y le tocó la frente, ella estaba caliente y reía, parecía feliz.

Su madre la intentaba despertar suavemente, sin querer hacerle daño, no sabía que le pasaba, la agitó suavemente.

—Mary, Mary, ¡despierta!

Parecía que hubiera viajado a otro mundo, un mundo que la hacía feliz, se veía realmente feliz.

Susana sangraba levemente por la cabeza, era por el golpe, se limpió con la manga de su vestido. Le caían las gotas de sangre a Mary en la cara, pero ella seguía en su sueño.

La cogía Greg del brazo y caminando los dos por unos jardines mágicos de flores con unas fragancias que ella jamás había olido y sus formas eran tan extrañas y bellas.

—Mary, es hora de volver, protege a tu madre, es parte de tu destino, todo lo que ahora os acontece os hará más fuertes, te hará fuerte. No lo veas como una desgracia, míralo como una

enseñanza, aprende de lo sufrido y ve creciendo. Un mundo de grandeza te espera, debes estar a la altura. Estos son tus sueños, ¡lucha por hechos!

Y, así, con estas palabras, despertó.

Y recordó las de Drog.

Él te guiará…

Abajo, en el pie de la escalera, permanecía John todavía seminconsciente, se retorcía otra vez como aquel día de borrachera.

Eran esos ojos, de nuevo esos ojos que lo miraban tan profundamente y le aterraban.

Esta vez sintió una voz que, en su agonía y en medio de su terror, le decía:

—Serás regalado con lo mismo que has dado, vivirás, pues, con el dolor de lo amargo. Tus días serán largos y tus miedos serán concedidos.

Se escuchó un grito desgarrador…

Y en medio de sus propios excrementos y orín, despertó John.

Aturdido, ¿realidad o sueño? Dos veces ya esos ojos.

Estaba asustado.

Agachó la cabeza y olvidó lo pasado. Por hoy, de momento, tenía que recomponerse, tenía que pensar.

¿Qué eran esos ojos negros que tanto le asustaban?, ¿y qué sabían ellos de sus miedos?, ¿y por qué le acosaban a él?

CAPÍTULO 28

EL RÍO, LOS OJOS, EL FUTURO

Intentar entender qué había pasado era realmente imposible, los sueños se mezclaban con la realidad y la realidad con los sueños y despertaban, y volvían a su mundo desconcertadas.

Mary empezaba a entender.

Había entrado en un mundo nuevo de realidades que deseaba en su vida.

Entendía que sería un viaje duro y del cual, de momento, no sabía ni por dónde empezar.

Protege a tu madre. Recordaba ella las palabras de Greg.

Claro que la protegería, ella la quería.

Pero esas palabras significaban más.

Su madre era más de lo que ellas pensaban, tenía que serlo, dos veces le dijo que la cuidara, pero sobre todo le intrigaba aquellas palabras que le había dicho y no olvidaba.

"Es parte de tu destino. Su madre y su destino".

Amanecieron juntas madre e hija.

Mary se tocaba el vientre, sin ni siquiera saberlo, su madre la beso en la frente y le dijo:

—Será un niño fuerte. —Y le sonrió.

¿Sabía su madre lo del embarazo?, ¿cómo?

A veces, entre las personas amadas sobran las preguntas, lo sabía, lo aceptaba, incluso parecía que se alegrara. Eso era lo importante, jamás habían estado tan unidas madre e hija.

Necesitaban saber que ante todo las dos eran mujeres, con las mismas necesidades, con sueños, con ganas de afecto, de deseos, de pasiones, de amor. Necesitaban saber que no importaba la edad ni la época ni las condiciones, eran mujeres con sentimientos y no importaba la edad ni lo vivido.

Le habló Mary de Drog y de lo enamorada que estaba, le contó lo que le había pasado en el río y que su padre, Greg, la había salvado. Le habló de su noche de pasión y de las voces, de sus sueños y de un Mundo Nuevo.

Estaba ilusionada, había esperanza, lo presentía.

Sentía una fuerza en su interior que la impulsaba, quería más…

¿Por dónde empezar?

¿Dónde estaba el principio?

Susana la devolvió a la Tierra.

—Mary, tenemos que ser realistas, John nos espera.

Está bien, bajarían, pero algo se había ya activado en su interior, algo estaba creciendo, algo se hacía inmenso. Estaba en juego su vida y la de su familia, lucharía por ella.

Todo parecía haber vuelto a la normalidad. Extrañamente, John amaneció calmado, no dijo ni palabra ni un reproche, ni tan siquiera los buenos días.

Cada uno volvió a sus tareas, el hostal seguía su marcha, ajeno a las nuevas enseñanzas.

Parecía calmado John, pero no lo estaba, estaba furioso, no podrían con él. Ninguna lo había hecho, no iban a ser ellas las primeras.

Pagarían lo que le habían hecho, la madre y, sobre todo, la hija.

Lo pagarían.

Esperaría un poco, tenía que olvidar esos ojos que le perturbaban.

Todavía estaba aterrado, pero olvidaría y sino, con vino, pero olvidaría, y entonces sabrían ellas quién era él y quién mandaba en esa casa.

Parecía que estaban viviendo en una casa diferente, no era para tirar cohetes, pero se podía vivir con tranquilidad.

Cada una hacía sus labores y no se molestaban, ni John a ellas ni ellas a él, lo querían calmado.

Mary necesitaba pensar y en calma se piensa mejor, su cabeza no paraba y acudía al río cada vez que podía, en busca de respuestas o cuando sentía mucho anhelo de su amado. Allí parecía reencontrarlo.

El río le daba paz y la hacía regresar a los brazos de su amor y sentir todo aquello que estaba en su interior y podía dar amor.

Siempre al regresar se sentía mejor, algo la hacía conectar con su gente, sí, lo había decidido, era su gente, tenían su sangre, ella también pertenecía a su mundo.

¿Sabría Drog que Greg era su padre?

¿Y de qué mundo estábamos hablando?

¿De dónde eran?

¿Estaban tan lejos de su pueblo?

Tantas cosas que aclarar. Todo llegaría a su tiempo.

Esta calma no deparaba nada bueno, se sentía en el aire, venían tiempos malos, tenían que prepararse.

CAPÍTULO 21

GREG

La primera vez que Greg visitó esta tierra, era todavía él muy joven, fue una visita fugaz.

La segunda fue cuando él y Susana se amaron.

Pero no era la primera vez que él la veía, la había visto antes, mucho antes, cuando era una niña y corría por las calles, como todas las niñas, cuando era una más entre las otras de su edad.

Susana, tan inocente, tan risueña y todo lo que le esperaba.

Si lo hubiera sabido.

Greg nació en unas de las mejores familias de su tierra, no eran reyes ni príncipes, pero allí los consejeros del rey tenían un gran valor.

Un gran rey tenía que tener un gran consejero.

Y los consejeros tenían que ser herederos de la misma familia, todos hasta el momento habían sido varones. Así pues,

descendía de una familia de la cual todos habían sido consejeros durante siglos, consejeros varones.

Greg, además, nació con un don especial, podía sanar a la gente, tenía una facilidad sorprendente para curar y saber el diagnostico de las personas.

Él entraba en el alma de las personas, es por eso que sabía mucho más que todos los demás consejeros.

Lo habían visto en su pueblo, con sus propios ojos, había traído a más de uno casi del más allá.

Lo hizo con Drog estando él al borde de la muerte.

Pero no era su tiempo, no era su hora de morir, había mucho que vivir, por eso los podía regresar, tenían mucho que aportar.

Greg fue educado desde niño por su padre y por su abuelo, como he dicho, los dos consejeros del rey.

Él había nacido para ser consejero, su trabajo no le resultaba en modo ninguno aburrido ni cansado, disfrutaba entre los libros y en su tiempo libre experimentaba él con sus hierbas y pociones.

Sí, él también había sido niño y, aunque poco, también había corrido por las calles con los otros niños.

De niño, también tenía sueños.

Y en sus sueños, un día, todavía muy pequeño, supo que él era más que un consejero, tenía algo más que hacer.

Él podía traer un mundo nuevo, era su deber.

Podría conectar dos mundos, lo había visto claramente, existía algo más allá de sus conocimientos.

Tenía que encontrar el modo, su mundo y este mundo, él nuestro.

Y desde entonces trabajó más duro, quiso aprender más y aprendió el poder de la mente y del corazón. Conocía, pues, lo terrenal y lo espiritual, su padre lo supo bien pronto. Greg lo había superado rápidamente en conocimientos.

Era realmente un gran consejero.

Por eso, siendo aún muy joven, su padre, para dejar el puesto junto al rey, lo propuso para que fuera el consejero. El rey, padre de Drog, aceptó, pero los dos primeros años trabajó junto a su padre, pero ciertamente y sin ninguna malicia, por ninguna de las partes, Greg sabía ya más que su padre, lo había superado en conocimientos. Así que el padre de Greg se retiró, puesto que eran sus deseos y por el bien de su pueblo, trabajaban siempre por el rey y por el pueblo, Greg aportaría más al reino.

Cedió pues el puesto a su hijo, siendo Greg el consejero más joven de la historia en Forward y en todos los pueblos habidos en sus tierras.

Solfa, el rey entonces, confió rápidamente en Greg.

Desprendía seguridad y talento, fue fácil confiar en él.

Así pues, fue consejero y guía espiritual de Solfa…

Y fue con él, con quien descargó sus secretos.

Solfa se había casado con Wona para unir los dos tronos.

Siempre lo hacían así, casaban a reyes con reinas y así unían los pueblos y las sangres reales.

Tenían ya sus destinos marcados antes casi de nacer, sus vidas estaban marcadas desde su nacimiento y los matrimonios por amor se producían raramente.

Greg, que iba siempre más allá, vio que, si se pudieran unir sangres reales y además era con amor, los hijos de estos nacerían con una grandeza impresionante.

Muchas noches de desvelo pasó, pero en su mente tenía esa obsesión, lo comprobaría, sería por el bien de su pueblo, de su reino.

Solo imaginar lo grande que sería su descubrimiento lo hacía querer investigar más y más, y las causalidades que fue encontrando en su camino le sirvieron para cumplir sus propósitos.

Trabajó con fe por y para el rey, por y para su pueblo.

A nadie le contó de sus desvelos, tenían que verlo ellos con sus propios ojos.

CAPÍTULO 22

EL REGRESO

El camino fue largo, pero al fin llegaron a sus casas.

Drog y sus hombres estaban exhaustos, estos viajes agotaban al cuerpo más que pelear en batalla. A pesar de ser hombres fuertes, sufrían mucho los cambios de una tierra a la otra, eran otros climas y sus cuerpos se resistían a esos cambios tan bruscos y desconocidos.

Se notaba la tensión entre los hermanos, en este viaje había crecido su rivalidad.

No parecía que pudieran ser amigos, mucho menos hermanos.

Greg se preocupaba por esto, él sabía que un alma con odio era peligrosa y podía perturbar la paz de su pueblo.

Drog no habló con nadie de lo sucedido con Mary.

No estaría bien visto.

Trec suponía que algo había pasado, por el tiempo que Drog estuvo con ella, pero eran suposiciones, no podía saberlo

con seguridad, no tenía ninguna prueba.

Esto lo ayudaría tal vez a destronar a su hermano, pero sin pruebas no podía acusarlo.

Su pueblo necesitaba ver para creer, estaban muy limitados por sus creencias.

Sin embargo, Greg no necesitaba ver, él sabía perfectamente que es lo que había pasado, pero lo vio mucho antes, muchísimo antes.

Antes incluso de emprender el viaje. No actuaba al azar.

Fue entonces cuando puso en marcha y trabajó desde la distancia para que las coincidencias parecieran casuales y las personas adecuadas se encontraran a pesar de las distancias, los pueblos, las diferencias.

Fue un trabajo de mucho tiempo y agotador por la lejanía de Mary.

Pero sabía que sería una realidad, él trabajaba sabiendo que aquello que él veía se cumpliría.

No fue, pues, casualidad que Mary se sumergiera en el río, ni fue casualidad que fuera Drog quien la encontrara.

Había puesto en marcha, desde hacía tiempo, sus destinos.

Y lo vio en los ojos de ellos cuando Mary despertó, en los ojos de los dos, estaba en lo cierto y ellos, destinados.

Y lo vio en el vientre de ella nada más la tocó.

La madre de Drog supo, nada más verlo, que algo le había pasado en este viaje. Venía cambiado, diferente, estaba preocupado, pero en sus ojos se veía algo nuevo, algo que en él no había visto jamás.

Le preguntó, pero él no tenía ganas de hablar, estaba cansado, tampoco tenía intención de contar de sus aventuras, de sus amores, era un guerrero, tenía que ser fuerte.

Se había dejado llevar inexplicablemente.

Había caído en los brazos de esa mujer con tanta facilidad.

Pero lo peor y lo que más le preocupaba era eso que le oprimía el corazón, esa sensación que sentía en su interior.

Eran sentimientos realmente fuertes.

Parecía que, incluso, dirigían su vida o, mejor dicho, su mente y su corazón.

Mary se había metido en lo más adentro de su corazón y de su mente.

No era eso propio de un guerrero. Ni de Drog.

Así no podía el vivir, tenía que olvidarla, para siempre.

Hablaría con Greg, él le ayudaría, él podría arrancarla de su corazón. Sí, él lo haría.

Wona avisó para que el consejero de su hijo se reuniera con ella.

Se encontraron en el reino de ella. Sus pueblos estaban muy unidos, Forner y el pueblo de su hijo, Forward.

Allí, las distancias entre pueblos eran muy cortas, vivían todos casi unidos, en armonía.

Paseaban Wona y Greg por esos jardines tan espectaculares y con esas fragancias tan poderosas.

Cómo había echado de menos Greg el olor de su tierra, cómo había echado de menos esas vistas verdes y coloridas que alegraban el alma de cualquiera.

Atrás había quedado el polvo y la tierra y los días grises, y esa humedad que se calaba en sus huesos dejándolos fríos y deprimidos.

Estaban ya en casa.

Wona le preguntó directamente, era una mujer muy directa, muy sincera, con carácter.

—¿Qué ha pasado Greg en esa tierra? Mi hijo no es el mismo, sus ojos me lo han dicho, tienes que contarme lo sucedido.

Greg escuchó, entendía la preocupación de Wona por su hijo.

—Wona, tú bien sabes que, como consejero del rey de Forward, no puedo hablar de nada que tenga que ver con el rey

con gente de otro trono y tú, aunque seas su madre, eres de otro trono. Tú bien sabes las leyes, no beberías preguntar, sabes que jamás traicionaría a mi rey, ni por su madre siquiera.

Claro que la entendía, tenía que intentarlo, era su madre y amaba a Drog con locura, era su único hijo de sangre y verdaderamente quería su bien.

Era algo que, si Drog quería, solo se lo podía contar él.

Pero no lo haría, no por el momento, estaba asustado por lo que sentía, era todo muy nuevo para él y se sentía vulnerable.

Aparcaron, pues, de momento, estas preocupaciones, tenían otras cosas pendientes.

Wona bien sabía lo fiel que era el consejero, no hablaría, no era el momento.

CAPÍTULO 23

JOHN

Los miedos de John. ¿Qué era aquello que tanto temía?, ¿qué era aquello que le hacía apaciguarse momentáneamente?, ¿a qué le temía?

Desde la última vez que vio esos ojos, cada vez que se iba a dormir los temía, pensaba que volverían y se esforzaba por no cerrar los ojos, pero al final se rendía y se dormía, inquieto, ya no descansaba. Cerraba los ojos, pero no descansaba.

Y al amanecer se levantaba furioso, estaba de mal humor, se sentía cansado y no podía pensar, solo veía ojos, aquellos ojos.

Lo torturaban.

Tuvo una infancia de dolor, nunca fue feliz, tampoco lo era ahora.

No sabía nada de felicidad, ni siquiera sabía que tal cosa pudiera existir.

Jamás se lo planteó.

Nació en una familia humilde, tuvo que trabajar muy duro desde pequeño para ganarse el pan que muchas veces no alcazaba para todos. Eran ocho hermanos y él era el mayor.

Cuando no alcazaba, le dejaban a él sin alimento, al ser el mayor pensaban que estaría más fuerte y sobreviviría a los otros, sin embargo, para trabajar siempre contaban con él primero.

Sí, creció ya desde niño pensando que la vida era muy injusta.

Su padre lo maltrataba desde pequeño.

—A golpes aprenderá —le decía.

Él lo aborrecía, cada vez que se le acercaba era para azotarle, solo lo azotaba. Él trabajaba duro, quería ser reconocido, esperaba siempre el reconocimiento de parte de su padre, pero nunca llegaba.

Su madre no tenía tiempo de cariños, estaba demasiado ocupada criando y pariendo un niño tras otro.

Pasó su infancia entre palos y trabajo duro, y mucha hambre, muchísima hambre.

Aborrecía mucho a su padre, era alcohólico y pasaba largas horas bebiendo en la taberna y cuando llegaba a casa, la emprendía con su mujer. La buscaba, la violaba, le pegaba y, cuando la dejaba postrada en la cama rota de dolor, lo buscaba a él y lo violaba también.

Sí, en el granero, junto a los animales. Era ya habitual en él, lo hacía ya casi a diario.

John no podía más.

No podía con todo aquello, las piernas le flaqueaban, estaba famélico. Después de un día de trabajo duro y regresaba él a su casa y lo remataba, lo dejaba casi muerto, tirado en el suelo del granero, ya casi dormía allí todas las noches como un animal más.

Sí, le temía.

Tenía pánico a su padre, a su olor, odiaba que lo tocara y que le bajara los pantalones. Se sentía tan vulnerable…

—Ojalá muriera —lo pensaba con desespero.

Y así durante cinco años de su joven vida.

Cinco años que fueron una verdadera tortura, cinco años deseando su muerte.

Ocurrió un día de invierno, había fuertes lluvias.

John estaba en el granero, terminando sus tareas con los animales, era pronto, pero ya había oscurecido, se sobresaltó al oír unos pasos fuertes entrando por la puerta de atrás.

Alzó la vista y lo vio.

Era su padre, más borracho que nunca, casi no se tenía en pie, lo llamo:

—Ven, John —dijo.

Él obedecía de inmediato, le tenía verdadero pánico.

—Hoy me vas a hacer algo nuevo —le dijo.

Su padre se bajó los pantalones como pudo. Olía a orín, estaba sucio.

Se sacó su miembro y le ordenó:

—¡Chúpamela!

John no salía de su asombro, no quería hacer eso, no iba a hacerlo, se quedó paralizado, no podía moverse.

Su padre lo cogió de un manotazo y le puso su miembro en la boca y empezó a moverse y jadear.

John tenía mucha angustia, iba a vomitar encima de él.

Entonces su padre se movía más rápidamente, jadeaba y se corrió en su boca, derramó todo su semen en la boca de John.

Vomitó lo poco que había comido en días, se lo tiró encima. Su padre se enfureció tanto que le dio un bofetón que lo dejó tendido en el suelo.

John levantó la vista y estaba su padre, todavía con los pantalones por las rodillas, maldiciéndole. Le dio tanta rabia… sabía que eso no lo volvería a hacer jamás, no lo haría.

Se levantó de un salto, cogió un palo y lo golpeó tan fuerte, no una ni dos, sino cientos de veces, que lo mató.

Había matado a su padre con doce años, su primera víctima.

Soltó el palo y corrió a su casa estaba destruido, por la rabia el dolor, por lo que había hecho.

Entró en casa y cayó.

Se sentó en la mesa y esperaron la llegada de su padre, que nunca llegó.

No lo descubrieron hasta la mañana siguiente.

Esa noche John soñó con él y con estas palabras:

—Regresaré de la tumba y te mataré.

Su padre era bien capaz de regresar de la muerte, no tenía duda.

Y vivió años esperando su muerte anunciada.

CAPÍTULO 24

SUSANA

Los recuerdos que tenía Susana de su infancia eran confusos.

Se recordaba con su madre en el río, lavando con ella ya desde bien pequeña y recorriendo el camino a la iglesia, y veía a su padre sentado en la mesa y su madre le servía la comida. Su padre la miraba con cariño y ella le sonreía.

Recordaba una infancia feliz, con algunas carencias, pero es lo que allí había.

Cuando llego la hora de casarla con Billy, le gustó menos.

Nacían y crecían con esas creencias y obedecían les gustara o no.

Ella siempre entendió a su hija, aunque nunca la defendió por miedo a Billy, él siempre le decía que era una niña inútil y demasiado soñadora, por eso Susana intentaba hacerla reaccionar, no quería problemas con su marido ni que le pegara a ella ni a la niña.

Pero Susana bien sabía que los sueños de Mary eran los suyos

propios no cumplidos, a veces, cuando Mary subía a la pradera a dejarse llevar, le decía a Billy que la había enviado al pueblo a hacer algún recado, la dejaba que siguiera soñando en secreto.

Sí, Susana también tenía sueños, pero poco a poco los fue olvidando y el trabajo duro y la propia infelicidad le agriaron el carácter.

Recordaba unas flores bellas, jamás las había visto, pero en su mente se dibujaban perfectamente. Tenían unos colores brillantes, alegres, las había a miles y su perfume inundaba su nariz, incluso ahora si se esforzaba un poco, recordaba aquel olor de aquellas hermosas flores.

Pero ¿de dónde había sacado ella esos recuerdos?

Y le venían a la cabeza muchas veces, más últimamente.

Su madre, la de Susana, siempre le decía que si algún día tenía un problema, que acudiera al río, pero ella no entendía eso, nunca lo entendió. Si alguna vez fue, lo hizo por instinto, como aquella vez...

Era hora de desvelar la historia de Susana...

Susana nació en realidad en un pueblo cerca de Forward.

Era hija de la reina Mirasa.

Mirasa estaba casada, como era lo habitual con un rey, reinaban en un pequeño pueblo de su nuevo mundo. Parecían felices, pero no tenían hijos, varios años ya de matrimonio y seguían sin hijos.

Mirasa quería desesperadamente un heredero, no importaba que fuera varón o hembra, quería un descendiente que continuara con su reino.

Greg, gran amigo de la reina, la observó, la estudió y realmente no le veía ningún problema.

—Eres fértil, no veo ningún problema en ti, puedes ser madre.

Ella se desesperaba, no quedaba embarazada. Nadie estudió al rey. Tal vez sí lo hubieran hecho, pero no cabía en sus mentes que un hombre y rey no pudiera tener descendencia, el

problema, según ellos, debía de estar en la reina y esa presión a ella la mataba, le creaba mucha ansiedad.

No cabía en las mentes de la gente normal que un rey no pudiera tener descendencia, pero Greg no tenía una mente normal y lo vio y así se lo hizo saber a la reina.

—Es tu rey el que no puede ser padre, nunca tendrás descendencia, no con él.

Esas palabras torturaron a la reina, ¿cómo no iba a ser madre ella? Era lo que más deseaba en el mundo. Sé desesperó y casi enloquecido, fue entonces, cuando recordó las palabras de Greg:

"No con él". Y se hizo la luz.

Sería madre, si no con él, con otro. Nadie lo sabría, pero ella sería madre.

Una reina no podía ser infiel, jamás en un Mundo Nuevo.

Era algo que estaba terminantemente prohibido y lo castigaban con la pena de muerte.

Se arriesgó y la reina se buscó un amante con un único propósito, quedar embarazada, por eso vivía ella ahora, ese era su fin.

Encontró un hombre y pronto lo enamoró, no sabía él quien era ella realmente, se cambiaba las ropas de reina y vestía ropa de mujer de pueblo. Vivieron unos meses de aventura y un poco de locura hasta que ella quedo en cinta.

Y desapareció de la vida de aquel casi desconocido que le había dado lo que ella más quería: tenía a su bebe en su vientre.

Ni el rey ni nadie sospechó de su infidelidad, pasaron los meses y nació Susana, entonces llamada Saro, la princesa Saro.

Festejaron el nacimiento durante días, el pueblo estaba en júbilo y la reina reía feliz, tenía a su sueño en brazos.

Pasaron los años y todo continuaba con normalidad, pero un día apareció en el palacio el amante de la reina.

Casualidades de la vida, lo habían llamado para ayudar en las labores del jardín. Estaba él inmerso en sus pensamientos, recordando aquellos tiempos con su bella amada de fina piel y suave perfume, todavía la amaba.

Cuando al mover la vista la vio, con bellas ropas y alegre sonrisa, pasear por los jardines de palacio.

No podía creerlo, era su amor y estaba ante él. La llamó, pero claro, ella no le había dado su nombre real y ella no se dio por aludida, entonces él corrió hacia ella y la vio con una niña de la mano.

"Qué hermosa niña", pensó él.

Tenía un lunar en la cara con forma de corazón, pequeño, justo al final de la mejilla, cerca de la oreja. El mismo lunar que tenía él, justo en el mismo sitio.

No hicieron falta las palabras, todo se aclaró en un momento, la reina, él, la niña de él.

Todo se vio claramente.

Pero él la quería y quiso seguir viéndola, y ante la negación tajante de la reina y el desprecio tan grande que le hizo, salió el orgullo de aquel hombre y convirtió lo que él llamaba amor en venganza.

Sí, se vengó y a lo grande, busco al rey y le contó la historia y el lunar no daba lugar a dudas.

La reina le había sido infiel. Tenía que pagar. La niña moriría con ella, esa fue la sentencia.

Desesperada, la reina buscó a Greg, le suplicó que salvara a la niña, que lo hiciera por ella, por su familia y por los años de amistad que les unían, y le hizo prometer que con ella no acabaría su linaje, que perduraría en el tiempo.

Greg prometió y le dijo:

—No morirá tu hija contigo, no será ella reina, pero será la portadora de otra reina más grande, tu linaje continuará. Puedes morir en paz, así será.

No lo dudo ni un momento, lo sabía, él cumpliría su palabra.

María pues dos días después y su hija misteriosamente desaparecía para siempre de aquel reino ahora sin reina ni princesa.

Se entendía ahora porque buscó Greg a Susana, tenía que continuar el linaje de reinas, él era perfecto para esa labor, aunque también era el único que sabía la verdad.

Y viajó a la tierra de Susana y la llamó y la envolvió en ese halo de misterio que tanto lo caracterizaba. Le hizo el amor y ella se quedó embarazada.

Viajó solo esta vez a la tierra de Susana, no quería testigos.

CAPÍTULO 25

VIVIENDO

Pasaron los meses despacio en el hostal, era todo muy monótono.

A Mary se le empezaba a notar la tripa levemente, tendría que hacer algo. ¿Cómo haría?, ¿qué diría la gente?

Una mujer soltera embarazada no podría salir a la calle con su hijo, la matarían a pedradas.

John estaba calmado, había entrado en razón, al parecer.

Pero ellas no se confiaban. Vivían alerta y dormían con un ojo abierto. Nunca se sabía.

El invierno había quedado atrás y se notaban las brisas de esos días largos de primavera.

Mary bajaba al río, era especial, allí encontraba paz y sentía a su amado cerca, estando él tan lejos.

Se sentaba en la orilla y dejaba a su imaginación viajar a lugares desconocidos para ella, y le gustaba ese mundo nuevo que le mostraban, sentía apego a él, sentía que algo la llamaba hacia allí.

¿Cómo viajar a ese mundo nuevo?, ¿hacia dónde se tenía que dirigir?

Drog la acompañaba en sus sueños, siempre estaba con ella.

Y su padre, Greg, él esperaba el momento, todo tenía un momento, tenían que coincidir los deseos del alma con los de la mente y tener el valor de luchar por los sueños.

Mary lo haría, encontraría el momento de su despertar y lucharía y así sus deseos se harían realidad.

Se acercó Susana al río y la vio desde lo lejos en el mismo sitio, siempre se sentaba en el mismo sitio, allí era donde habían empezado de nuevo sus sueños, allí la habían devuelto a la vida.

Se sentó a su lado en silencio y le hablo:

—Mary, tú recuerdas un día, cuando tenías diez años, estabas en el río y yo te buscaba, te encontré soñando y tarareabas una canción que nadie te había enseñado.

Mary no sabía muy bien de qué hablaba, a qué se refería, confundía la realidad de los sueños.

—Cantares a la libertad —le dijo su madre.

Esa canción sonaba con los tambores cuando ella despertó con Drog en la tienda, cantaban por la libertad.

Y recordó ese día…

Había un hombre al otro lado del río que las miraba y las protegía desde lo lejos, ese hombre les prometía libertad, serían libres algún día.

—Mary, ese hombre era tu padre, yo también lo vi. Y cada día de tu cumpleaños, tú venías al río y él te esperaba al otro lado y te inundaba de sueños. ¿Recuerdas qué día era el día que tú desapareciste?

No había pensado en eso, se sorprendió, era el día de su cumpleaños y, como siempre, estaba él ahí esperando.

Siempre había estado con ella, no la había abandonado.

La cuidaba desde lejos.

—¿De dónde son, mamá?, ¿de dónde vienen?

Susana no supo qué responder, nunca Greg le había dicho de dónde venía, ni Drog se lo dijo a Mary.

CAPÍTULO 26

DROG Y SU MUNDO

Drog y su mundo.

Desde que nació siempre supo que sería rey, así lo educaron y creció sintiéndose rey, todo a su alrededor así se lo hacía ver.

Él quería ser rey, además, tenía dotes para serlo.

Aprendía con facilidad y ponía mucho interés en hacerlo, era buen guerrero, pero también era un hombre muy profundo y humanitario, muy justo.

Su madre, Wona, lo quería mucho, sabía que sería buen rey, no tenía duda de eso, pero era un niño que ya de pequeño se le veía muy especial. Marcaría un antes y un después en las vidas de los habitantes de Forward, eso también se veía.

Lo educaron siguiendo las leyes de su pueblo, pero Greg añadió más conocimientos, se permitió él enseñarle todo lo que sabía.

Greg no había podido disfrutar ni enseñar a su hija.

Quería dejar todo su conocimiento en manos de alguien, por si fallecía antes de que llegara el que le iba a superar en conocimientos, su nieto.

Él poseería todo el don de Greg más la valentía de su padre, sería inigualable. Esto lo veía claramente en sus predicciones.

El niño había sido concebido con amor, amor del verdadero, se hacían así realidad todas sus suposiciones.

Drog había vuelto a sus labores como rey, la vida en su pueblo no era complicada, algún que otro altercado que resolvían fácilmente. Cumplían todas las normas, eran gente muy disciplinada y se regían a lo que estaba escrito por ley.

Salían a la batalla solo cuando intentaban invadir su mundo invasores de otras tierras, eso no podían permitirlo. Jamás había entrado para quedarse nadie que no fuera de sus sangres.

Drog no estaba obligado a casarse de momento, todavía era joven y había heredado muy pronto el trono por la muerte prematura de su padre.

Pero era algo que tenía que pasar más temprano que tarde, no quería él ni pensarlo, nunca jamás encontraría a nadie como Mary, nunca podría amar a nadie como a Mary, tampoco quería.

Y pensaba en ella y en sus besos, su mirada y su ternura. Todo en ella lo enloquecía de amor, estaba enamorado perdidamente de ella, pero eso era algo imposible, no aceptarían su boda con ella si no era de los suyos, no podría entrar en un Mundo Nuevo, pero tal vez él sí podría salir y dejarlo todo.

Esa posibilidad se le pasó mucho por la cabeza, pero no podía abandonar a su gente, él se debía a ellos, así se lo enseñaron, así lo educaron, no entendía otra manera, pero el amor podía con todo.

Greg sabía qué era aquello que le preocupaba tanto a Drog, leía claramente en su interior, sentía sus penas y su dolor de amor.

Se reunió un día con él y le habló sinceramente.

—Drog, sé perfectamente lo que estás pasando, tú bien sabes lo que te he enseñado, tienes que confiar y tener fe. Tú sabes que las casualidades no existen, las personas que se nos cruzan en nuestro camino vienen por algo, tú mejor que nadie lo sabes. Confía, pues, en el universo, él quiere darte lo mejor, ten fe y trabaja desde el amor y lo mejor te será dado.

Él entendía perfectamente estas palabras, no tenía que ser egoísta, sería recompensado.

Pero la echaba mucho de menos.

El hermano de Drog, Trec, también había notado en él algún cambio, intuía lo que le pasaba, quería aprovechar la ocasión para crear tensión y desconfianza hacia el rey.

Pensaba cómo podría acusarlo, había estado con la mujer pálida seguro, eso no estaba permitido por sus leyes. ¿Cómo podría acusarlo? No tenía pruebas.

Tenía que pensar en algo.

Habló con su madre. Le contó todo lo sucedido en esa tierra, ella lo escuchaba sin hablar, estaba muy atenta. Él contó cada detalle que recordaba de los días que Mary estuvo en la tienda con ellos y le contó cómo había aparecido y que Greg la había curado, y como marchó semanas después. Ella callaba y pensaba.

Empezó a entender lo que el consejero no quiso contarle, por qué habían tardado tanto en regresar en este último viaje.

Wona no tenía ninguna duda, sabía que Trec estaba en lo cierto, notó lo extraño que había venido su hijo, sabía que algo le pasaba. Ahora entendía, Drog se había enamorado.

Nadie debía saber de su desliz, no se enterarían, no había pruebas, sería destronado y reinaría Trec. No, eso no podía pasar, su pueblo no merecía de rey a Trec. Él era codicioso y no pensaba en nadie más que en sí mismo y en su poder, sería el final de Forward y de la paz.

Entonces, después de analizar lo que su hijastro le había dicho, pensó con calma qué sería lo mejor para todos y habló:

—Trec, hijo, tu afán por conseguir el trono te hace ver cosas donde no las hay, como madre que soy del rey, bien sabría yo si algo le pasara. Él confía plenamente en mí, yo estaría enterada, no debes querer el mal para tu hermano y menos inventar lo que no sucedió. Acepta que tú no serás jamás el rey, debes buscar una esposa y casarte, centrarte en tu familia y olvidar lo que tanto te atormenta.

Llamó de inmediato a Greg, estaba preocupada seriamente, esto no había pasado en toda la historia de su pueblo, nadie podía saberlo.

Acudió a palacio y, tranquilamente, como solía él estar, escuchó las palabras de la reina, alborotada, preocupada:

—Debiste decírmelo, es algo más serio de lo que pensaba, si esto es verdad, que no lo dudo, lo veo en él y en sus ojos, tendremos problemas. Conozco a mi hijo y tú también, no desistirá fácilmente, ella está en su corazón. Esto es serio y lo sabes, ¿qué pensabas hacer?, ¿nunca ibas a decírmelo?

Greg la calmó:

—Debes calmarte, Wona, tú bien sabes mi manera de proceder y que todo lo hago por el bien de mi rey y del pueblo, espero que de eso no te quepa la menor duda, tienes que confiar en mí.

Pero ella no estaba segura, esta vez no. Trec quería destronarlo y si Drog flaqueaba, lo acusaría. No, no quería eso para su hijo, él era el rey y merecía lo mejor, su hijo no sería destronado.

—Greg, toda mi vida he confiado en ti, mi hijo no ha podido tener mejor consejero que tú, pero esta vez no puedo callar y esperar, debemos actuar de inmediato, esto empeorará si no lo cortamos por lo sano.

No conseguía hacerla entrar en razón, que entendiera que estaba todo controlado, que todo pasaba para un mundo mejor. Todavía no era el momento de decir la verdad, era pronto, se tenían que cerrar todavía algunas puertas antes de abrir las nuevas.

Ella ordeno pues:

—Sé que es pronto y no te va a gustar mi decisión, y menos a él, pero tenemos que actuar. Drog se casará, buscaremos una reina para mi hijo, formará su familia y así olvidará lo que nunca tuvo que pasar.

Definitivamente esto no estaba en sus planes, esto no lo había pensado, encontraría solución. Él bien sabía que todo lo que pasaba en sus vidas traía consigo un aprendizaje.

Calma, debía actuar con calma, los decretos estaban hechos y el universo era sabio, traería lo mejor para sus hijos, sin duda.

CAPÍTULO 27

BUSCANDO SOLUCIONES

Wona maldijo el día que Greg descubrió el enlace. De todos los hombres que habían ido a la Tierra, tenía que ser su hijo el que se enamorara de una mujer de esas tierras.

¿Cómo había pasado eso? Si ellos no tocaban jamás poblaciones y pasaban desapercibidos entre esas tierras.

¿Por qué ningún hombre había dicho que habían visto una mujer? ¿Por qué nadie le contó a ella lo sucedido?

Eran hombres fieles, como dije antes, y morirían por su rey. Jamás lo traicionarían, a excepción de Trec, el codicioso.

Y Greg, sabiendo lo que esto suponía, ¿cómo podía estar tan tranquilo? ¿Acaso se creía él que todo se habría arreglado solo?

No, tenía que actuar y lo haría rápido, buscaría una reina y lo casarían.

Y estaba Trec, bien sabía ella que no pararía hasta descubrirlo, lo quería fuera y haría todo lo posible hasta conseguirlo. Tenía que ser rápida y astuta y Drog lo aceptaría, no tenía más remedio, su pueblo era primero, así se lo habían enseñado.

Se reunió con su consejero y empezaron a buscar candidatas posibles.

Greg hablo con Drog y le contó todo lo ocurrido, tenía que saber el odio que le tenía su hermano y los planes de su madre. Conocía bien a Wona y no desistiría hasta casarlo.

Drog se enfureció, no quería casarse, no de momento, era pronto, no estaba obligado, podía esperar unos años más.

Además, ¿con quién lo casarían?

Él quería a Mary, eso ya lo había decidido desde el día que la conoció, quería casarse con ella.

—Greg, tú que todo lo sabes y en todo ves soluciones, dame una solución, sabes bien cuál es mi deseo. ¿Acaso no hay una posibilidad, por pequeña que sea, de que yo pueda traer a Mary a un Mundo Nuevo?

Había una posibilidad, pero todo a su debido momento, tenía que esperar, ahora sufriría un poco, pero si todo salía bien, celebrarían su reencuentro.

—Drog, nadie sabe mejor que tú de tus deseos, son ellos y solo ellos los que harán feliz, y si tú eres feliz tu pueblo lo será contigo. Mi consejo es que luches por tus sueños, tienes que hacerlo tú.

Drog sabía de sus deseos, pero ahora no veía el camino, necesitaba una señal, algo que lo guiara hacia donde tenía que dirigirse, era todo tan nuevo para él.

Las señales serían mandadas. Había muchas personas, había mucho camino por recorrer.

En el mundo de lo espiritual, bien lo sabía Greg, si la mente y el alma se unían, movían montañas, él se lo había enseñado a Drog, pero no podía hacerlo por él. En sus manos

estaba ahora su destino, si lo sabía hacer tal cual lo había aprendido, él, y solo él, sería el conductor de su vida. En él confiaba, lo haría bien.

Trec lo tenía más difícil, nunca había querido escuchar los consejos de Greg, a él todo eso le aprecian bobadas, él era más impulsivo y hacía lo que le decía la mente.

Así le iba, nadie lo apreciaba mucho y su cara lo decía todo, tenía el corazón triste de envidia y soledad.

Y toda esa rabia lo hacía más malo y más vengativo, buscaba la aprobación, siempre quería destacar en todo, sobresalir y nadie le aplaudía y se frustraba más y lo pagaba con su hermano. Él creía que todo le salía bien porque lo querían más y tenía más suerte.

Solo recibía Trec más de lo que le daba.

Solo recibía Drog más de lo que le daba.

Un mismo mundo dos vidas tan diferentes.

Lo que sí que estaba claro es que todo había cambiado, ya nada sería igual. En Un Mundo Nuevo se avecinaban cambios, y tal vez esa paz que reinaba en sus pueblos fuera perturbada.

Sí, se avecinaban tiempos de tormenta, pero serían necesarios para los cambios venideros.

¿No sería acaso que más de uno quería esos cambios? La vida allí era tranquila, eso sí, pero muy monótona, tal vez, todo sucedía para mejor, tal vez esos deseos eran de muchas otras gentes de allí y, tal vez, si se unían todos, todas sus fuerzas juntas, el cambio sería posible antes de lo esperado.

Tendría Greg que hacer un viaje. Lo haría en secreto, tenía que empezar a acelerar los acontecimientos. Lo necesitarían.

Viajaría a la tierra de Mary, empezaría por allí.

Tenía pues que mantener a Wona quieta un tiempo:

—Voy a partir, tengo que viajar, son causas verdaderamente importantes. Wona, te prometo que Drog se casará, pero debes esperar a mi vuelta.

Así daba un poco de tiempo para que las cosas se fueran encauzando, necesitaba el tiempo.

CAPÍTULO 28

BUSCANDO SOLUCIONES

Mary empezaba a tener problemas para esconder su embarazo, John la miraba ya de forma sospechosa, tenía que hacer algo, pero nada era fácil para ella en esos tiempos.

Su madre, la mujer, tampoco podía hacer nada, solo apoyarla, que ya era suficiente, por las mentalidades que tenía ella y el resto de la gente.

Mary fue a su antigua casa, quería comprobar quién la habitaba, qué había sido de todo aquello. Salió temprano del hostal y subió calle arriba.

Cuántas veces había hecho ella ese recorrido siendo una niña. Era muy temprano, no había personas en la calle todavía, se cubrió la cabeza y con paso firme se dirigió hacia la casa.

Era muy extraño, estaba todo deshabitado o eso parecía, las puertas estaban cerradas y todo estaba en silencio, era muy temprano.

Rodeó la casa y examinó el granero, no había animales. Parecía que nadie hubiera estado allí desde que Susana la había dejado.

¿Por qué querían, pues, que la desalojara?, ¿qué prisa habían tenido por echar a su madre de allí si no pensaban habitarla?

Un leve ruido la sobresaltó.

Se quedó quieta en el granero, semiescondida.

Vio una sombra deslizarse por el porche de la casa, era confuso, no podía ver y no quería moverse.

Se volvió la sombra a meter en la casa y cerró la puerta, suavemente con sigilo.

¿Quién era esa sombra tan misteriosa y por qué nadie sabía de él o de ella?

Sintió mucha curiosidad, algo la atraía hacia ella.

Salió del granero y, por la parte de atrás de la casa, recordaba ella una ventana rota. Despacio, muy despacio, se acercó hacia allí, se asomó y vio algo, estaba segura, era una mujer.

Se movía por la casa casi a oscuras, sin embargo, no tropezaba con las cosas ni con los pocos muebles que allí había.

No podía dejar de mirar, Mary tenía una sensación extraña en su cuerpo, algo la llevaba a estar ahí.

La mujer, de repente se giró y miró a donde ella se encontraba. Fijamente.

La había visto, estaba segura, ella se quedó inmóvil mirándola.

Era una mujer muy mayor y estaba como desarreglada, llevaba los pelos largos y blancos y sus ropas eran oscuras.

Su mirada era extraña, tenía los ojos blancos.

No sabía Mary qué hacer, si correr o decirle algo.

Pero ni sus piernas se movían ni su voz le salía.

Fue la anciana que hablo.

—Pasa, Mary, llevo días esperándote, pensé que nunca vendrías.

No salía de su asombro, la había llamado por su nombre y la estaba esperando. ¿Cómo podía ser eso?, ¿qué estaba pasando?

—Entra, muchacha, no me hagas pedírtelo más —dijo al ver que ella no se movía.

Era seca la anciana, pero ella obedeció, rodeo la casa de nuevo y se acercó a la puerta, empujó, estaba abierta.

—Hacía días que esperaba tu llegada, estás ya muy avanzada, tenemos que prepararnos, en tu vientre llevas el futuro de un Mundo Nuevo, será alguien muy especial, tenemos que cuidarlo.

No entendía nada. ¿Qué Mundo Nuevo?, ¿cómo sabía que estaba embarazada?, ¿y por qué la esperaba?

—Acércate, tengo que tocarte el vientre.

Y, sin decir palabra, se acercó. A pesar de sus dudas, había algo que la atraía hacia ella, le daba confianza.

Se sentó en la silla y la anciana le tocó la cara suavemente.

—Eres muy bella, Mary, no tenía duda.

Deslizó sus manos por el vientre de ella y cerró los ojos, parecía concentrada.

—Será más grande de lo que pensábamos, tendremos que tener mucho cuidado, pero es un niño fuerte como su padre, saldrá todo bien.

Cada vez que abría la boca la sorprendía más. ¿Cómo sabía ella de su vida? Y pregunto al fin.

—¿Quién es usted?, ¿por qué sabe de mí?, ¿conoce a su padre?

La anciana la miró, Mary pudo ver ahora claramente, estaba ciega, no tenía ojos, se sobresaltó, la impresionó. Parecía que la viera a pesar de todo.

—Quién soy no importa, importa que vengo a ayudarte, tu hijo nacerá en mis manos y lo tendremos aquí hasta que esté a salvo.

Lo dicho, cada vez que hablaba, la sorprendía más, pero qué opción tenia, la escucharía, confiaría en ella, algo en su interior así se lo decía.

Le dio unos ungüentos y unas hierbas:

—Tómatelas cada día y ven a verme seguido, sin que nadie te vea. Llegará un momento en el que no podrás ya salir, te verán la tripa, debes esconderte, lo harás aquí. Nadie te encontrará, avisa a tu madre y prepara tus cosas, debes ser precavida.

La escucharía, claro que lo haría, era su única esperanza.

Se marchó de allí asombrada, pero era su salvación, aquella mujer anciana era su salvación y estaba dispuesta a ayudarla.

Llegó al hostal, John la esperaba, empezaba otra vez con su mal humor, atrás habían quedado los tiempos de calma.

Había olvidado sus miedos, se hacía el valiente otra vez. ¡Cobarde, eso es lo que era!

—Estoy harto de ti y de tus paseos, no tengo porque mantenerte, tendrás que darme tú algo a cambio.

Volvía a ver la cara esa de deseo y perversión en él.

—Te estás poniendo muy gordita tú, ¿acaso comes más que nadie? Tendrás que pagarme tus excesos, tendré yo que saborear ese cuerpo.

"Sucio asqueroso", pensó Mary. Jamás la volvería a tocar, sería sobre su cadáver, eso lo tenía claro.

Lo miró con desprecio y asco, pronto marcharía de allí, lo perdería de vista, qué poco le gustaba ese hombre.

Se dirigió a las habitaciones, tenía que trabajar. John la siguió con la mirada, se había vuelto a envalentonar.

Mary se contuvo, por su hijo, tenía que protegerlo.

Era un niño, qué alegría, recordaba ahora las palabras de la anciana, se sentía feliz, deseaba a ese niño.

Drog, si pudieras estar aquí…

Susana no era ajena a los cambios de John, lo había sentido en sus carnes, volvía a pegarle y abusaba de ella por

las noches. Sí, había vuelto a las andadas y Susana acataba sin rechistar. Había visto cómo miraba a su hija y quería que se cebara con ella, así dejaría a Mary tranquila. Eso pensaba ella.

Pero John quería carne fresca y Mary estaba más guapa que nunca.

Esa noche Mary le explicó a Susana lo acontecido.

Susana sintió una gran alegría, había algo de esperanza, nacería sano su nieto lejos de John.

—Tenemos que pensar qué vamos a decir cuando no estés, si lo tenemos calmado, no te buscará.

Era ahora, pues, está la cuestión: qué le decían a John. Tenían todavía algo de tiempo, no mucho, pero lo tenían que pensar.

Un niño, pensaba Susana, traerá alegría a nuestras vidas.

Era mucho más que un niño cualquiera…

CAPÍTULO 29

PODERES SOBRENATURALES

En sus años de aprendiz, Greg ya sentía cosas, él podía notar en las personas cosas que nadie veía, tenía una intuición o poder sobrenatural, desde joven lo supo.

Otra cosa era su interés, lo estudio mucho y contaba con la ayuda de una hechicera que desde bien niño ya le enseñaba cosas y pócimas y sobre el poder del más allá.

Ella, la hechicera, lo vio en él casi desde que nació, sí, era un hombre especial.

Tenía tantos libros en su poder y cada uno de ellos lo había devorado varias veces, pero no se conformaba con leerlos, los estudiaba y comprobaba cada una de las cosas que en ellos leía. Por ese motivo avanzó rápido en su enseñanza.

El día que descubrió el enlace fue algo grande para él.

Llevaba años soñando con la posibilidad de que existieran otros mundos desconocidos por ellos.

Lo veía manifestado en sus sueños, era una estrella con mucha luz que se abría y, al cruzarla, daba paso a una tierra totalmente diferente a la suya. Los colores eran menos vibrantes y la luz más apagada, las flores menos hermosas y la gente más triste.

Se repetía en sus sueños la visión de poder cruzar la estrella.

Pero ¿dónde estaba el enlace? Eso no lo sabía y qué hacer para abrirlo tampoco lo sabía. Primero tenía que encontrar el enlace, dónde estaba la estrella, después ya lo abriría.

Años de su vida, de pruebas, de sueños, cada minuto del que disponía lo dedicaba a encontrar el enlace.

Un día la hechicera, estando el en su casa, le dio sin querer una pista, hablaba con él de su vida y sus batallas y le dijo.

—¿Imaginas, Greg, otras vidas y otros mundos fuera de aquí?

Claro que lo imaginaba, lo había soñado toda su vida. Pero la dejó seguir a ella.

—Eso sería mágico —dijo ella—, juntaríamos nuestra sabiduría y la suya y seriamos mejores, creceríamos más y aprenderíamos juntos. Un mundo mejor estaría a nuestros pies, pero claro, también estaría el mal… Si ese mundo existiera solo deberían poder abrir la puerta almas buenas, así no cruzaría nada no deseado.

Le dio un chispazo, almas buenas, solo se abriría pensando en el bien para el bien, si su fin era bueno, la puerta se abriría.

¡Sí!, estaba seguro, había descubierto cómo abrirlo, pero… ¿dónde estaba el enlace?, ¿cómo es que no lo veía?

Se le escapaba algo, algún detalle.

"Calma", pensó:

—El universo está conmigo, recibiré la señal que me hará ver el camino.

Si era para el bien se abriría, para progresar y no hacer el mal, tenía que estar en un lugar sagrado.

Y se despertó y lo vio claro, el enlace con forma de estrella. Sabía dónde estaba.

Cerca del cielo, la estrella, la paz.

Esa mañana se encaminó hacia su visión, decidido, solo.

Tenían una montaña en un Mundo Nuevo, ellos la llamaban La Montaña Sagrada, desde lo alto se veían todos los pueblos de un Mundo Nuevo. Era un lugar mágico.

Allí acudía la gente a pedir en oración, era un sitio de paz, tenía una gran altura y el camino hasta la cima era estrecho y malo de recorrer. El hecho de llegar a la cima ya decía mucho de la necesidad del que allí iba a orar.

Al llegar a la cima unos perfumes invadían al afortunado que hasta allí había llegado, después del esfuerzo, se veían recompensados con sus vistas, sus olores, su paz. Era verdaderamente un lugar mágico.

Llegó Greg a la cima después de horas caminando, incluso escalando en algunos lugares de difícil acceso.

Se sentó paciente, esperaría algo, no sabía bien qué, pero esperaría.

Sabía que estaba en el lugar adecuado, ya no tenía duda.

Meditó durante horas, tranquilo, estaba sereno. Llegaría el momento.

Pero no sucedió nada, ninguna señal, no vio nada.

Se volvió desilusionado. No pensaba que esto sucedería, estaba seguro que era allí.

Se metió en sus libros, en sus apuntes con sus números y sus rayas, estaba agotado, no veía que le fallaba.

Volvió al mismo lugar muchísimas veces más, pero nada, no encontraba la forma. No desistió, lo intentó una y otra vez, tenía que verlo, era la forma, era el lugar.

Pasaron los meses y no había encontrado la manera de abrir el enlace.

Pero seguía en su mente, lo encontraría.

Mientras, allí en Forward, la vida seguía y él cumplía con sus obligaciones del reino, pero su mente estaba en el enlace, en encontrarlo.

Y llego el día, aquel día que Mirasa desesperada le pidió que salvara a su hija. Aquel día Greg, en mitad de la noche, cogió a la niña y caminó sin rumbo, tenía que salvarla. Solo estaba en su mente la niña y su salvación y, sin saber cómo, se vio en la cima de la montaña sagrada, en el mismo lugar que tantas veces había esperado, allí estaban él y Saro.

Amanecía ya y el sol empezaba a salir, era un día claro y los tonos rojizos inundaban el lugar sagrado.

Greg, desesperado, pidió:

—Eres la única salvación para esta niña inocente, nuestros mundos dependen de su salvación. Todo lo que nos espera está en ella, sálvala, pues, por un futuro mejor.

Mágicamente, sin más, se formó una estrella en el cielo con los colores del arco iris y una luz intensa invadió el lugar y, como si de magia se tratara, un fuerte soplido los absorbió a él y a la niña.

Y aparecieron los dos en tierras desconocidas, estaba maravillado, pero no tenía tiempo que perder, la niña, su salvación, era ahora su prioridad, ya habría tiempo de experimentar.

Busco rápido, caminó mucho tiempo, días posiblemente y al fin encontró una casa a lo lejos y la observó.

Eran Pam y George, un matrimonio de unos treinta y cinco años de edad que cuidaban la granja. Vivían solos y no tenían hijos.

Le había conducido su intuición al lugar perfecto.

Esperó a que anocheciera y en mitad de la noche dejó a la niña en las puertas de la granja, estaría bien, se veía gente buena, la cuidarían.

Se marchó de allí satisfecho, había salvado el futuro de su pueblo. Saro era imprescindible en sus vidas, por el bien y con el bien siempre se abren puertas.

Lo tuvo claro.

CAPÍTULO 38

ESTADOS AVANZADOS

Mary acudía asiduamente a la casa de la hechicera, ella se desenvolvía fácilmente entre sus cosas.

Nadie en el pueblo sabía de ella, nadie la había visto ni la conocía, no sabían de su existencia. Mary acudía siempre a verla de madrugada, cuando todos dormían.

No era muy habladora la hechicera. Mary quería saber quién era y por qué sabía tanto sobre ella, no fue nada fácil.

La trataba bien, pero seguía seca con ella, tal vez fuera así su carácter, pensó ella.

Cuando regresaba al hostal, John todavía no había despertado. Últimamente volvía a beber mucho y amanecía enfadado y se despertaba más tarde de lo normal.

Susana la esperaba en la cocina. Mary le contaba lo que la hechicera le hacía y cómo avanzaba su embarazo, pero tampoco era mucho. Solo cabía esperar el momento del nacimiento, todo iba según lo previsto.

Ese día decidieron que le dirían a John que Mary tenía que irse unos días, iría a la ciudad. No era la mejor excusa, no solían ir las mujeres solas, pero al final ella no era su hija, podía decidir por ella misma, tenían que intentarlo.

Hasta el río se oyeron los gritos de él cuando Susana, medio avergonzada y asustada, le comentó que Mary marcharía unos días.

Él que no era tonto, no encontraba explicación alguna de esa marcha y monto en cólera. Pensaba que se burlaban de él y eso no podía tolerarlo, una mujer nunca se reía de John.

—Más os vale que Mary no salga de aquí, os advierto, el día que ella se marche será para no volver, y tú, Susana, pagarás las consecuencias, en ti caerá la culpa.

Algo traman estas dos, pensaba él, estaba seguro, querían su mal y eso no lo iba a consentir.

Cogió a Mary a solas y le dijo:

—Si de verdad eres capaz de irte, tu madre morirá y su muerte caerá sobre tu conciencia, hazte cargo, pues, de lo que te he dicho y ten por seguro que así se hará. Si te vas, despídete de ella, no la volverás a ver con vida.

Mal lo tenía Mary, no podía dejar a su madre en manos de ese animal, en verdad la mataría, no tenía duda.

Susana le dijo que no se preocupara por ella, que tenía que pensar en su hijo y si nacía en el hostal sería peor para los tres:

—Mary, no tienes opción, tu hijo ha de nacer y no podemos hacer nada, no te preocupes por mí, estaré bien, no me hará nada, está solo y me necesita.

No necesitaba a nadie, era un desgraciado solo o acompañado, bien lo sabía Mary.

—Encontraremos algo, mamá, tenemos que creer que todo irá bien, son demasiadas cosas las que hemos pasado y todo sale siempre, al final, a nuestro favor. Confiemos, pues, en que esta vez será igual.

Pero no las tenía todas con ella, temía por su madre.

Es por eso que ese día no fue a ver a la hechicera, se desvió al río a oscuras, necesitaba respuestas y allí se sentó como siempre en su lugar del río y preguntaba para sus adentros ¿qué podía hacer?, ¿cómo lo haría?

Tenía que desaparecer pronto, aunque vestía más ancha de lo habitual, no podría disimular mucho más su embarazo, era casi hora de ocultarse.

—Drog, mi amor, cómo te echo de menos y cuánto te necesito, ojalá estuvieras aquí conmigo, necesito tanto de tus besos y tus abrazos. Mi amor, mi amor.

En la lejanía, en la calma de su pueblo, él sintió su llamada, se sobresaltó y se despertó.

—Ella me necesita, lo sé, he de partir con ella. Mary, tranquila, velaré por ti, iré en tu busca a pesar de todos, iré a por ti.

Mary miraba a lo lejos, esperaba que alguien la rescatara como la otra vez, no había nadie, ni tampoco voces. Estaba sola.

Y se derrumbó de impotencia y lloró, y se rompió por dentro, su corazón estaba roto de dolor, no podía más.

La hizo volver a la realidad la mano de la hechicera en su hombro.

—Vamos, Mary, vayamos a la casa.

Ella la obedeció. No tenía fuerzas, no podía pensar, la siguió en silencio y allí en su casa la mujer le habló.

—Muchacha, eres un ser divino, tienes algo grande en tu interior y tu fuerza, que tú todavía desconoces y la de tu hijo, que ya está despertando, te harán resolver los problemas que solo suceden para hacerte fuerte. Tu destino es más grande de lo que tú sabes, pero tienes que estar preparada para ello, no llores, no estás sola, jamás lo has estado. Tu padre te vela y algo más grande te protege, eres un ser de luz y sabrás resolver las cosas a su debido tiempo, confía en ti y en tu fuerza y recuerda que no estás sola.

Pues, mágicamente, se tranquilizó, no sabía cómo lo haría, no había cambiado nada, pero esta mujer y sus palabras la tranquilizaban. Daba la sensación de que la anciana sabía incluso más que ella misma de su vida e, incluso, de su futuro. Parecía que le hablara siempre de un futuro mejor para ella y para su hijo.

Se tranquilizaría, pues, tenía que hacerlo.

CAPÍTULO 31

DROG DESESPERADO

Drog se desesperó, buscaba al consejero

—¿Dónde está Greg? —gritaba.

Quería volver, tenía que buscarla, lo necesitaba y estaba sola, lo había sentido.

—¡Buscadme a Greg, traedlo de inmediato!

Todos los sirvientes del palacio despertaron alborotados, esos gritos no eran normales en Drog, tan racional siempre, tan atento con sus empleados.

Lo buscaron, pero no lo encontraron. No estaba en ningún sitio de Forward.

Sin él no podía abrir el enlace y quería correr junto a Mary.

¿Qué le estaba pasando? No había sentido esto en su vida, esas ganas de estar con ella y sentir sus penas desde lo lejos, ¿qué era esto tan grande que él sentía? No lo dejaba pensar con

163

claridad, se descentraba fácilmente y se sentía tan inútil lejos de ella.

La hechicera, tal vez ella.

Él la buscó en su cabaña y tampoco ella estaba. ¿Qué estaba pasando?, ¿dónde se había metido todo el mundo?

Volvía a palacio ofuscado en sus pensamientos y, sin embargo, sí que encontró a quien no quería ver, su hermano, allí estaba esperándolo con su sonrisa de malicia.

—¿Qué te pasa, hermano?, pareces alterado, que poco digno de un rey, perder el control de esa manera.

Lo sacaba de sus casillas, tenía un don, pero no iba a darle el gusto, se controlaría.

—¿Me buscabas por algo? —le pregunto.

—Escuché gritos, me preocupé por ti, hermano, bien sabes que siempre lo hago. Y quería también felicitarte por las buenas nuevas, al parecer vas a casarte, espero pueda conocer pronto a la afortunada.

A Trec no le hacía ninguna gracia que Drog se casara, pero como sabía bien que su hermano no lo deseaba, era suficiente motivo pare él alegrarse y así aprovechar la ocasión y fastidiarle.

Aunque se casara, él lo destronaría igual, aunque siempre sería más fácil estando solo, dos tronos unidos siempre tenían más fuerza.

Tenía que pensar en algo rápido, los acontecimientos se habían acelerado y si su madre había decidido casarlo, bien sería porque él llevaba razón en sus suposiciones.

Faltaba poder demostrarlo.

Drog enfureció más, últimamente pasaba mucho tiempo enfurecido. Su madre le había prometido esperar.

Acudió en su busca, entró en el palacio de Forner como un huracán preso de la ira.

Entró en su recamara sin avisar, ella se sobresaltó:

—Madre, jamás esperaba esto de ti, dijiste que esperarías para mi boda, así se lo hiciste saber a mi consejero y ahora me

entero por mi hermano que voy a casarme. No voy a hacerlo. Te advierto, madre, esta decisión tuya no voy a acatarla, yo decidiré con quien me caso, tú no me vas a imponer tus órdenes. Que sepas que, si no aceptas mi decisión, me vas a perder como hijo y no habrá ya paz en nuestros reinos. ¿Es eso lo que deseas?

Verdaderamente su hijo estaba más enamorado de lo que ella podía pensar, la situación era bien delicada, nunca lo había visto así de enfurecido, había perdido el control, y todo por una mujer.

¿Quién era ella?

Su hijo siempre había sido muy justo y racional

Lo último que quería era el rechazo de su hijo, tendría que confiar en él.

Llegando a palacio se encontró de cara a Greg, su consejero, lo abordó, se acercó a él y le exigió que lo acompañara al enlace, tenía que viajar al otro lado:

—Mary me necesita, lo he visto, está sola y algo le pasa, llévame con ella, debo ayudarla.

Greg lo cogió del brazo, estaba fuera de control, estaba dando un espectáculo, gritaba y su hermano podía escucharle. Eso sería lo que ahora les faltaba, lo llevó hacia su recamara y, allí, con más calma, le habló.

—Drog, ¿acaso piensas que no se bien lo que está pasando? Lo sé antes que tú y sé qué le pasa a Mary. Nunca ha estado sola, pero tiene que avanzar y tiene que hacerlo ella, no podemos hacer más de lo que estamos haciendo, ¿de qué sirve que tú ahora vayas allí?, ¿qué vas a hacer? La vas a traer aquí, la matarán y lo sabes. Todo llegará a su debido tiempo, debes calmarte, la ira se apodera de ti y pierdes el control, recupera la calma y todo volverá a ser mejor. Sabes bien cómo funcionan las leyes, lo que das, recibes. Céntrate, pues, en lo que quieres y olvida los miedos y lo que no quieres.

»Mi vida doy por ti, confía en lo que te digo, solo deseo lo mejor para ti y para tu pueblo y lo mejor para Mary, tenlo por seguro. La hechicera esta con ella, ella la cuida, estará bien, es fuerte, pero no lo sabe todavía. Las piedras del camino la irán haciendo digna de lo que se merece. ¡Cálmate Drog! por el bien de todos, aplica lo aprendido y ten fe.

Como siempre, él tenía razón. ¿Qué hacía él ahora en la tierra de Mary? No podía traerla aquí, no sería aceptada. Allí por lo menos vivía, esperaría, sí. Tenía que calmarse, ahora era un blanco fácil y su hermano estaba al acecho.

—Mi madre quiere casarme y prometió esperar, pero no lo ha hecho, espero la hagas entrar en razón. Le he dado mi opinión y eso sí que no voy a cambiarlo bajo ningún concepto. Si no lo acepta, entraremos en guerra.

»Esperaré por Mary porque confió plenamente en ti y tú ahora puedes ver más claro que yo. Sé que hay cosas que no me cuentas, pero repito, confió en ti. Sé que lo haces por mi bien, esperaré hasta que pueda, no te prometo cuánto. ¡Actúa rápido, pues!

Greg le contesto:

—Drog, todo pasará a su debido tiempo, de nada sirve que te inquietes, todo va como debe ir. Tranquilízate, pues, y vela por tu pueblo.

Parecía que se había calmado un poco, tenía que volver a centrarse, sabía bien cuáles eran sus deseos y lucharía por ellos.

De momento nada más podía hacer, solo estar atento, esperaría el momento, la señal.

Y esa noche soñó con Mary, era un día de fiesta, todo el mundo reía, estaban felices, ella estaba bellísima a su lado. El consejero los bendecía, estaban todos, todo el pueblo, eran felices y había un niño que corría hacia ellos y le daba un beso a él y la mano a Mary. Su madre también estaba entre ellos y se veía feliz, se acercaba a él y le depositaba algo en su mano.

Sí, sabía mucho de sueños y de deseos, estos eran fuertes y mutuos, reinaba el amor en ellos.

Confiaría y trabajaría por ellos, lo haría por los suyos.

CAPÍTULO 32

LOS DESEOS DE JOHN

Solo de pensar que Mary pudiera marcharse de allí lo volvía loco. Su vida era, en verdad, un estar por estar. Allí sobrevivía, no había alegría ni ilusiones, nada que lo hiciera levantarse con ánimo o esperanza. Pero estaba ella, era como un pequeño rayo de luz a esa vida tan miserable que tenía, no podía dejarla marchar, si ella marchaba, seguro no volvería. Era demasiado bella, algún hombre se enamoraría de ella. Mary era especial, él bien lo sabía, y ella no dudaría en cambiar su vida por lo que allí tenía. No había nada que allí la retuviera. No, no podía irse, seguro no regresaba, si conocía la vida fuera de allí no regresaría.

Y él ya nada tendría. Mary era para él, nadie la tocaría.

Mary se arreglaba para ir a la iglesia, era domingo. Susana también, irían juntas las dos.

El salió de la habitación, tenía ganas de verla.

Se había levantado con un fuerte deseo hacia ella. Se dirigió a la habitación continua a la de Mary, estaba allí, llevaba un camisón largo y peinaba sus cabellos dorados que cubrían casi toda su espalda, los cepillaba suavemente con mimo.

Al tras luz se podía ver perfectamente su silueta, estaba de espaldas a él, era perfecta. Cómo la deseaba. Se había levantado él hoy muy varonil, se sentía fuerte y la deseaba, quería poseerla, notarla, quería entrar en ella, hacerla suya, su miembro así se lo hacía saber, vibraba de deseo. Mary era una diosa. Se tocaba, pero quería más, quería sentirla, los ojos se le salían de deseo.

Mary se levantaba el camisón, despacio, subía por las rodillas y descubría sus nalgas. Eran perfectas, eran jóvenes y estaban duras, John parecía enloquecer por momentos.

Subía pues más arriba y dejaba su cuerpo desnudo al completo, su piel blanca le rozaba el cabello, se veía tan suave.

En un arrebato de valentía, John salió de la habitación y entró en la habitación de ella. Cerró el pestillo y se abalanzo sobre ella. Mary se giró. ¿Qué era aquello que la había interrumpido? y lo vio a él preso del deseo abalanzarse sobre ella y gritó, pero él estaba ya encima y con una mano le tapaba la boca.

Completamente desnuda a su merced, era para él. Esa diosa era para él, pensaba John victorioso.

Mary reaccionó, le dio una patada en sus partes que lo doblegó de dolor, cogió la bata y salió de allí gritando. Susana salió de inmediato al oír los gritos de ella y chocaron en el pasillo.

John salió corriendo y cogió a Mary del pelo, la tiro al suelo boca arriba y le levanto el camisón que ya se había puesto ella.

Fue ahí cuando lo vio, la tripa de Mary, estaba embarazada.

No podía creerlo, embarazada todo este tiempo, ¿de quién?

—¡Zorra! —le dijo—. Tú eres mía, con quién has osado tú regocijarte —repitió al mismo tiempo que le daba un bofetón que la hacía sangrar por la nariz—. ¡Zorra!

Susana se abalanzo sobre él y de un empujón se lo quitó de encima.

—¡Corre, Mary! —le decía—. ¡Salva a tu hijo, corre!

Ella se levantó de un salto y corrió, sin mirar atrás, corrió hasta llegar a casa de la hechicera, allí estaría a salvo.

Susana corría peligro, de eso estaba Mary segura, descargaría su rabia con ella.

Al llegar a la casa, la hechicera se sobresaltó. Qué era ese alboroto, pensó, Mary siempre llegaba de madrugada y en silencio. Cuando la oyó entrar ya notó que algo había pasado, respiraba fuertemente y no podía casi hablar.

—Mi madre —decía—, mi madre.

—¡Muchacha!, ¡reacciona!, ¿qué es lo que le pasa a tu madre? Tienes que calmarte, explícame.

Mary le contó la historia de cómo había pasado todo, ella la escuchó, la dejo hablar.

—Está bien, ahora tú vivirás aquí, no podrás salir para nada. ¿Me oyes? Para nada.

Mary asintió, pero en su cabeza estaba su madre, John la mataría, así se lo dijo, estaba convencida de que lo haría.

La palpó y examinó su cuerpo y su vientre.

—El niño está bien y tú después de que te tranquilices también lo estarás.

—Pero debo salir, mi madre estará en peligro, debo ayudarla.

—¿Qué vas a hacer tú? Pondrías en peligro al bebé. Yo me ocuparme, estate tranquila, John no hará daño a tu madre, confía en mí.

Claro que confiaba en ella, sabía que podía confiar, así se lo había demostrado todo este tiempo. Pero John era John.

Respiró un poco y bebió algo que la mujer le dio, enseguida se tranquilizó, se recostó en la cama y, sin darse cuenta, se durmió.

Entró en uno de esos sueños que a ella tanto le gustaban. Estaban ahora ya los tres y eran felices, el sol brillaba y la vida le sonreía.

CAPÍTULO 33

BUSCANDO SOLUCIONES

Wona estaba realmente preocupada y disgustada, su hijo nunca le había hablado así.

Greg iba a verla, tenía que calmarla, tal vez él le contara alguna cosa sobre su hijo y lo que estaba pasando.

Ella lo esperaba, paseaba impaciente por el jardín de un lado a otro, no encontraba sosiego, parecía que todo se había desmoronado por momentos.

—Buenos días, mi reina —le dijo Greg.

Ella no estaba muy por la labor de ser simpática, estaba furiosa con el mundo y con él más, buscaba culpables y él era un muy buen candidato.

—Greg, bien sabes que siempre me opuse a tus manías de visitar otras tierras, sabía que traería problemas, siempre lo supe, pero nunca esperé que tuviera que ser mi hijo el afectado, mi único hijo. Y ahora me veo amenazada por él, por culpa de esa mujer que lo ha vuelto loco, nunca jamás podrá casarse con

ella, bien lo sabes. No es de nuestra sangre, no entiendo cómo has consentido esto, tú lo sabías y dejaste que todo pasara, lo aprobaste, no te entiendo, de verdad.

Añoraba ahora esos tiempos en que todo transcurría como tenía que ser, nadie contradecía nada y la vida era fácil en su mundo.

—Wona, no busques culpables en los demás, si tu hijo te ha amenazado es por tu causa, bien lo sabes. ¿Acaso le has preguntado cuáles son sus deseos? o ¿simplemente has decidido por él sin más?

»Te dije, y tú bien lo sabes, que todo lo hacía por su bien. Algún día verás con tus ojos y creerás. Has perdido la fe y eso te hace dudar de mí y de tu propio hijo.

No encontraba consuelo, no había palabras que la calmaran, quería soluciones y no se las daba, estaba igual que al principio. Le pedía fe, pero ahora no podía creer en nada.

—Dame soluciones, Greg, de verdad que necesito algo que me haga ver que este es el camino, veo mi pueblo peligrar y no sé cómo pararlo, no voy a ponerme en contra de mi hijo, no me pidas fe, dame algo, por muy pequeño que sea.

Está bien, tendría que hacerlo, le contaría quién era Mary.

—Wona, nadie sabe quién es realmente Mary, solo yo y la hechicera.

—¿Mary?, ¿quién es Mary?, no entiendo, Greg, habla claro, por favor te lo pido.

—¿Recuerdas a Mirasa?

—Claro que la recuerdo, fue ejecutada injustamente, nunca lo aprobé.

Se impacientaba la reina por momentos, ¿qué tenía que ver Mirasa ahora?

—Recuerdas a Saro, ¿la hija de Mirasa?

—Sí, Greg, sí, la recuerdo, era la hija de Mirasa, desapareció, nunca se supo más de ella. Pero dime sobre Mary, no me hables ahora de nuestra gente, háblame de ella.

—Nunca murió, Saro vivió en la Tierra, se llama Susana y es la madre de Mary.

—Alabado sea Dios, ¿qué dice este hombre?, se ha vuelto loco, los viajes a la Tierra lo has trastornado —pensaba Wona, más bien, decía Wona—. Greg, no te burles de mí eso no es posible.

—Sí, Wona, créeme, es cierto, no estoy loco. Mary es de nuestra sangre, nació en la Tierra y vivió entre ellos, pero es nieta de la reina Mirasa, por lo tanto, es de nuestra sangre y es reina.

Esto la sobrepasaba de verdad, no entendía nada.

¿Cómo había llegado Saro a la Tierra? Y todo este tiempo sin saber de ella.

—Greg, bien sabes que, aunque Mary sea nieta de Mirasa e hija de Saro, lleva la sangre humana su padre era de la Tierra, así que estamos en las mismas, no veo como tú no te das cuenta de esto.

Parecía todo tan irreal y él se había vuelto loco de verdad, un hombre tan listo y no entendía que, si su sangre no era de las dos partes, no era de los suyos. La mitad no valía, no en un Mundo Nuevo.

Vaya, era tozuda la reina Wona, tendría que decir toda la verdad, tal vez fuera mejor así, necesitaba sentirse libre, había llegado el momento.

—Dime, Wona, ¿qué pasa cuando la sangre de una reina se junta con la de un consejero y, además, si el consejero es guía y curandero y tiene poderes especiales?, ¿dime tú qué pasa si esto sucede?

—Bien sabes que esto no es fácil que pase, las reinas no se casan con curanderos para no perder los tronos, importa más el trono. Es más, no conozco a nadie que así lo haya hecho.

—No conoces a nadie, pero bien sabes lo que dice la leyenda de los más antiguos, lo sabes ¿verdad?

—Sí, sí, Greg, lo sé, si esto sucede, el primer nieto varón del curandero será un ser mágico, nadie habrá superior a él, ni reyes ni consejeros ni hechiceros.

Parecía que todo se iba aclarando pues.

—Mary es mi hija, yo soy su padre. Saro y yo nos entregamos en su tierra, allí estaba a salvo, esperé el momento y volví en su busca, conectamos enseguida, estábamos destinados, así lo decían mis sueños y los suyos y nos encontramos. Mary nació fruto de ese amor.

Tenía que aclararse, ¿entonces Mary era de los suyos? Totalmente, su sangre era sangre de un Mundo Nuevo y su hijo sería un ser mágico y podría ser su nieto, rey de reyes.

Ahora parecía estar ya de su parte, la había convencido y él se sentía libre, por fin podía decir la verdad, alguien sabía su secreto.

—Debemos traerla aquí de inmediato, debe de vivir aquí. Manda que la traigan ¿por qué no lo has hecho todavía?

—Tranquila, Wona, hay ciclos que cerrar, todo a su debido tiempo. Tu hijo no sabe nada de esto, no podría esperar, iría a por ella y quedarían cosas por concluir, no le digas nada, todavía no es el momento.

De repente se había hecho la luz, le había pedido una señal por pequeña que fuera y le daba la vida de nuevo, mejor que la vida, le daba nuevas esperanzas

Ahora ya no estaba impaciente ni enfadada, estaba feliz y sí, confiaría en él, se haría a su modo.

Paseaba ahora con fuerza por los jardines de palacio.

Su hijo, Trec, los había estado observando, pero no podía oírlos.

Pero notó el cambio en su madre. ¿Qué le había contado que su rostro había cambiado totalmente de la amargura a la felicidad? Tenía que saberlo.

Sería algo muy grande.

Sí, realmente lo era, sería algo muy grande y, por lo visto, secreto.

CAPÍTULO 34

EMPEZANDO LOS CAMBIOS

En las tierras de Mary el caos parecía que no tenía fin, Mary desolada por su madre, temía por ella. Susana preocupada más por Mary y su nieto que por ella misma y John tenía unas ganas de venganza que parecía el mismo diablo.

Tenía que encontrarla, había huido sin ropas, solo con lo puesto no podía estar lejos, era imposible.

Azotó a Susana fuerte, escupía y la golpeaba cada vez que le preguntaba:

—¿Dónde está?, ¡dime dónde está!

Por los gritos de ella, la gente se alarmó, entraron a la taberna y gracias a eso se salvó.

La sacaron de ahí y se la llevaron por caridad, por lástima.

La hubiera matado. La acogió una vecina del pueblo en su casa. Allí estaría a salvo de momento.

Todos le temían, John era el diablo, no había duda.

El marido de ella no estaba de acuerdo en que se quedara allí, como todos los de por allí, no querían problemas. Vivían ajenos a los problemas de los demás y más si se trataba de John.

—La tomará con nosotros, bien lo sabes —le decía él, seriamente preocupado.

—Lo sé, pero no podemos dejarla con él, morirá, bien lo sabes, no es la primera.

—Está bien, un par de días, pero no más.

Susana estaba realmente dolorida, la hubiera matado, esta vez sí.

Pero a pesar del dolor, se sentía contenta, Mary estaba a salvo. Rezaría para que no la descubriera, en realidad estaba tan cerca.

Faltaban todavía unas semanas para el nacimiento del niño. Era mucho tiempo para Mary, no podría salir y no tendría noticias del exterior. Ahí los días transcurrían despacio.

La hechicera le había dicho que ella se ocuparía, pero no había dicho nada más.

Las horas se hacían largas entre las cuatro paredes de la casa y la mujer no daba conversación, se pasaba las horas entre sus pociones y ungüentos.

A oscuras, pasaban las horas, por discreción, para que nadie las viera y Mary, que estaba perfecta de salud, se aburría muchísimo.

Además, se sentía fuerte más que nunca, una fuerza que invadía su interior y la hacía querer moverse, caminar, estar activa, pero no podía, bien sabía qué peligro la acechaba.

Se resignaba y soñaba, ahora más que nunca, en ese mundo que tanto anhelaba.

Esta vez había algo diferente en ellos, veía los ojos de Drog, eran los suyos, pero no era él. No como lo había visto ella el día que la salvó, había cambios en él, parecía más alto, más guapo, todo se veía más hermoso, era como un mundo mágico

con más luz, más color. No entendía bien que era, pero sí estaba segura de que se trataba de él.

Y ella, en esos sueños, se sentía como en casa, era todo tan distinto y tan suyo a la vez.

La hechicera la miraba, la presentía y sonreía, sabía de sus sueños.

—Muchacha, qué bello es vivir de lo soñado, no dejes de soñar jamás, sueña, sueña, que un día aquello que tanto deseas se hará realidad si luchas, has de luchar por ello.

La anciana le había cogido aprecio a Mary, era especial y se veía en ella, pero al tocarla sentía algo más fuerte.

Había mucho por descubrir, mucho camino que recorrer.

Mary tenía que hacerse a ella misma y lo tenía que hacer sola, buscar en su interior y sacar toda esa fuerza para dar a los demás y así algún día, si lo conseguía, poder reinar un pueblo, el suyo.

Si ella realmente supiera quién era.

Pero no, tenía que crecer primero. Era fundamental que entrara en su mundo siendo una reina. Todo estaba en su interior. Sería fuerte, segura, guerrera, pero con gran corazón.

Así lo esperaba Greg, por eso tenían que esperar, por los cambios que en ella surgirían.

Pero Greg no tenía duda, Mary no lo defraudaría, lo conseguiría.

Aunque le esperaba una prueba más dura, la peor, tenía que hacerlo así, las señales se lo habían dicho, seguirían los pasos.

Sí, todo se estaba encauzando, tal cual él lo había visto.

John era otro caso. Greg esperaba no tener que intervenir, creía en la justicia divina, él tenía que recibir lo que él había estado dando toda su vida. Bien es cierto que fue un niño desafortunado, pero tuvo dos opciones, encauzar su vida y ser el hombre que no había sido su padre o vivir con la rabia y dolor y ser todavía peor que lo había sido su padre.

Decidió lo peor.

John no tuvo nunca hijos, su esposa sí había quedado embarazada, en dos ocasiones, pero él, cada vez que lo sabía, de la paliza que le daba, la hacía abortar. No quería hijos, él había sufrido demasiado. No, no traería a nadie al mundo para que sufriera como él lo hizo.

Y ahora ahí estaba de nuevo en su taberna, bebiendo solo, sin Susana y obsesionado con encontrar a Mary.

Demasiada ira había ya en ese cuerpo desgastado por las batallas vividas, demasiado rencor para poder cambiar su corazón, ya estaba todo decidido.

Haría lo que tenía pensado y si moría, ellas lo harían con él.

CAPÍTULO 35

LO QUE DAS, TE SERÁ DADO

Sus noches ahora se hacían largas, había empezado a soñar de nuevo, los ojos se le aparecían cada vez que él cerraba los suyos. Lo perseguían, estaban al acecho, se sentía vigilado incluso estando despierto, una sombra lo perseguía, estaba seguro de ello, la había visto, la había sentido.

Se le venía algo gordo encima, tenía que ser rápido, lo habían avisado:

—Tus peores miedos te serán concedidos.

Era esto lo que ahora rondaba día y noche en su mente.

Pero él estaba muerto, era imposible, no regresaría, no podía hacerlo. Los pensamientos de John revelaban sus miedos.

Ese día salió en busca de Susana, borracho, como de costumbre. Apareció en la puerta de la casa donde se hospedaba ella y a golpes abrió la puerta, entrando así sin permiso en la casa.

—Vengo a por Susana, la zorra esa es mi mujer, se debe a mí y conmigo ha de volver. Sacadla, pues, de donde la tengáis.

Recorría la casa sin control mirando por todas partes, no la veía por ninguna parte y se ponía más nervioso.

Habían pasado ya varios días desde la desaparición de Susana.

El marido de la vecina que la ayudó estaba nervioso, no la quería allí, temía por ellos y por sus hijos. Susana era consciente de ello, así pues, una noche, sin decir palabra salió de la casa y, sin que nadie supiera a dónde, desapareció en silencio, sin dejar rastro.

—No está aquí, vete de mi casa, se ha marchado hace ya un día, no está ni queremos que vuelva, vete de mi casa —le repetía el hombre protegiendo lo suyo, estaba aterrado.

Ahora sí que estaba desconcertado, ¿dónde estaba?

—Perra, la encontraré, las encontraré a las dos y las mataré.

Salió disparado de la casa, regresó al hostal y allí, entre sus trastos, buscó una escopeta, una vieja escopeta que era de su padre, su única herencia. Se la cargó al cuello y, sin importarle ya nada más, bajo hacia el río, allí estaban ellas siempre, encontraría algo.

Todos a su paso se apartaban corriendo, en verdad era el diablo.

Nadie hizo nada por pararlo, todos tenían miedo. El pueblo se paralizó, se metieron todos en sus casas a esperar lo que sin duda sería una tragedia.

Arrasaba con todo, gritaba, estaba fuera de control, se habían reído de él las dos y todo el mundo lo había visto. Nadie se reía de John, no en su cara, pero menos una mujer.

En el río había estado Susana.

Un trozo de su vestido manchado de sangre estaba en la orilla. La encontraría.

Dos días antes Susana estaba en casa de sus vecinos, estaba acurrucada en la cama, todavía medio moribunda.

El marido y la mujer hablaban bajo, pero ella los escuchaba, él estaba enfadado con ella y le reprochaba.

—No tenías que haberla traído —le decía—. Nuestros hijos están en peligro, sabes bien de lo que es capaz. John es un animal, no nos lo perdonaremos nunca si toca a los niños, debemos dejarla ir, tiene que marcharse.

Susana se encogía de dolor, entendía perfectamente de lo que hablaba, ese miedo que le tenían a John no era sin motivo, verdaderamente era capaz de hacerle daño a cualquiera, incluso a los niños.

—Está bien —contestó la mujer—, no sé cómo, pero mañana se lo diré, mañana marchará.

Se arrastró, pues, como pudo en medio de la noche y, sin decir nada a nadie, desapareció.

Fue al río sin pensar siquiera a dónde iba.

Cuando se dio cuenta, estaba ya allí, inconscientemente se había arrastrado hasta allí.

Había hecho un gran esfuerzo, estaba dolorida, tenía grandes heridas que todavía no se habían cerrado y tenía todo el cuerpo amoratado. Desfalleció en la orilla, estaba rendida, agotada.

Hacía frío, pero ella no lo sentía, no sentía nada, no quería sentir.

En su mente le vino a la cabeza Mary y su nieto, no lo conocería, sintió una punzada de dolor en su corazón. Le hubiera gustado acunarle, tenerle en sus brazos, sentir el olor a bebé… qué recuerdos, no lo vería correr ni crecer ni reír.

Hacía frío, sí, pero ella no lo sentía, pero se helaba por dentro y se dejaba adormecer con sus recuerdos de niña, que invadían su cabeza.

Corría por las calles de su ciudad, era una ciudad con mucha luz de flores bellas, su madre la miraba, estaban felices. Aquella mujer vestía ropas de reina y ella parecía una princesa.

Y ahora estaba en las cuadras con su padre dando de comer a los animales, ya no era una princesa.

Y en el río, sola, mirando a lo lejos esperando el regreso. Tenían que venir a por ella, él se lo había prometido.

Esto la hizo reaccionar, Greg le dijo:

—Volveré a por ti, no sé el tiempo que pasará, pero volveré a por ti, te lo prometo Saro.

Saro, ella era Saro, princesa Saro, su madre era Mirasa.

Entró en un profundo sueño, allí en la orilla del río, donde todo parecía real, todo parecía encontrar la solución en ese río tan especial, ¿qué tenían sus aguas para que Susana y Mary encontraran paz y respuestas?

Se revolvía John de ira, ¿dónde estaba?, tenía que encontrarla.

Miró en el río, quería ver si se había ahogado en sus aguas, no veía nada.

Dónde estaría, tenía que pensarlo, tenía que encontrarla.

Sintió un gran escalofrío recorrer todo su cuerpo, esa sombra lo seguía, estaba seguro.

Parecía enloquecido.

—Serás regalado con lo mismo que has dado, vivirás, pues, con el dolor de lo amargo, tus días serán largos y tus miedos concedidos.

Esa voz entre susurros le repetía esas mismas palabras que la otra vez.

Se inundó el río de niebla, una niebla espesa que ya no dejaba ver nada y, entre ella, aparecía una sombra que se deslizaba hacia él, lo miraba fijamente a los ojos.

John estaba aterrado, disparaba su escopeta una y otra vez, pero la sombra avanzaba hacia él sin detenerse, no podía detenerla.

¿Había enloquecido o era real?

Se acercaba a él, lo veía ahora más claro, era terrorífico,

Sus ropas, su pelo, su cuerpo, estaban desgastados por el tiempo y esa cara era el dolor hecho carne. Su mirada era

de desespero, venganza, quería venganza, había llegado el momento.

—Tus miedos serán concedidos.

Cumplía así, pues, su palabra.

Había venido a por él, lo mataría.

Estaba seguro.

CAPÍTULO 36

DESPERTAR A LA VERDAD

Susana despertó sabiendo claramente quién era.

Era la princesa Saro, había nacido en un Mundo Nuevo.

Intentó levantarse, pero no pudo, había estado varios días inmóvil, inconsciente.

Sus heridas habían cerrado, se sentía débil, pero estaba viva.

Miró a su alrededor, estaba oscuro, era todavía de noche y no se distinguía nada. Cerró los ojos y pensó bien en lo que había visto.

Mary era, pues, hija de un Mundo Nuevo, como ella, como su nieto.

Estaban los tres en tierras equivocadas, sabía ahora cuál sería su propósito.

Volverían a su tierra.

Los sueños así lo deseaban, las señales eran ya muy claras, había llegado el momento.

Huirían de allí en busca de su mundo, ella y Mary, así se lo haría saber nada más pudiera moverse y salir de donde estaba. Sí, lo veía claro, regresarían juntas a su tierra.

Mary tenía que saberlo.

Mary estaba muy inquieta, su sueño no era tranquilo, la hechicera la velaba, había problemas.

Tenía fuertes dolores en el vientre, eran contracciones.

El parto parecía que se adelantaba.

Tenía prisa el niño por ver la luz, era muy inquieto.

No tenía esto previsto, contaba todavía con un par de semanas más, se adelantaban los hechos, todo parecía precipitarse con una gran velocidad, el universo buscaba poner todo en su lugar.

Serían horas muy difíciles, el parto se veía complicado, el niño nacería prematuro, eso si no se complicaba más de lo debido.

Se retorcía y su frente se llenaba de sudor, gritaba.

La hechicera le miró entre las piernas, tenía que dilatar más, le tocaba el vientre y empujaba con sus manos hacia abajo para facilitar la salida.

Volvía a mirar, Mary se retorcía de dolor y gritaba fuerte. No, no dilataba lo suficiente.

Preparó las cosas, tenía un poco de tiempo, necesitaría suerte. Había visto muchos partos prematuros, asistido en ellos y sabía lo difícil de la situación, pero en este se esperaba mucho de ella, los querían vivos a la madre y al hijo, cosa que no solía pasar, o moría ella o moría el niño.

Se desgarraba de dolor, la hechicera le metía la mano para comprobar la cabeza del niño, si estaba colocado, pero no la encontraba. No estaba todavía colocado, venía de nalgas, tenía que girarse.

—Gírate, niño, no lo compliques más, colócate, por Dios, colócate, hay mucho en juego.

Y recitaba unas palabras extrañas invocando ayuda del más allá.

Mary moría de dolor, no podía, cada vez que le venía la contracción se encogía, desaparecía casi en la cama, se hundía en la almohada de la fuerza que hacía y paraba, se relajaba momentáneamente. Contaba ella sin querer y…otra vez. Otra vez y volvía a gritar de dolor y esa mano de la hechicera que se la metía dentro. Quería estar segura de que se daba la vuelta, la torturaba con ello.

Y otra vez, qué dolor.

Esos gritos de dolor se hacían eternos, pasaban las horas y parecía que no avanzaban, estaba costando mucho. El niño seguía de nalgas y el dolor debilitaba a Mary, no tendría fuerza para empujar, llegado el momento.

—Muchacha, aguanta, tienes que aguantar, debes ser fuerte, traes un rey de reyes en tu vientre, lucha por él, muchacha, no te dejes vencer.

Desvanecía por momentos, pero resurgía y gritaba.

Esos gritos llegaron a Susana, despertó de nuevo por los gritos, que era ese dolor de dónde provenía.

Y otra vez ese grito desgarrador que le rompía el alma.

Miró a su alrededor de nuevo, había amanecido, estaba en su antigua casa en las cuadras. Sí, lo reconocía perfectamente y esos gritos eran de Mary, estaba en peligro.

Tenía que levantarse, acudiría en su ayuda, la necesitaba. Sería John, la mataría.

Hacía una semana que Susana había desaparecido, desde que se había arrastrado hasta el río nadie supo de ella, estaban seguros en el pueblo de que John la había matado. Se oyeron disparos y estaba enloquecido, estaría muerta.

Pero Susana desfalleció en la orilla y allí la encontró la hechicera, la arrastró hasta las cuadras como pudo y, allí, la curo con sus ungüentos. Tampoco podía dejarla morir, esas eran las órdenes, ella acataba, pero a veces refunfuñaba y repetía.

—Se piensan ellos que yo soy Dios, que puedo salvar a quien yo quiera, haré lo posible, incluso más, pero no prometo nada.

Era experta en el más allá, podía hacer cosas que nadie sabía, sin ver también veía.

Pero ahora tenía que salvar a la criatura y a su madre, y se le hacía duro el trabajo, se complicaba por momentos y Mary parecía querer tirar la toalla y no luchar más.

Llevaban horas de parto.

—Condenado niño, gírate ya, no lo hagas difícil, hazlo por el futuro, por tu pueblo, por lo que quieras, pero hazlo.

Se abrió la puerta y entró Susana, la hechicera no se sobresaltó, la esperaba.

—Entra, necesito tu ayuda, debes empujar por encima de ella, empuja al niño hacia abajo y tú, Mary, haz fuerza, toda la que puedas, tenemos que sacarlo, ya llevamos mucho tiempo, morirá si no lo hacemos.

Susana obedeció, saco fuerzas de donde no las tenía y apretó.

—Empuja, Mary —decía la mujer—, empuja fuerte.

Veía ya la cabeza, sí, ¡se había girado!, por fin algo salía bien.

—Empuja, empuja —le decía la mujer.

Susana hacía lo que podía, parecía que nada se movía, pero ella apretaba tal como la hechicera le había dicho. Estaban todas ya exhaustas, se hacía de rogar.

—Una vez más, empuja, muchacha, empuja fuerte.

Susana apretó y, sin más, el bulto se resbaló y entre las manos de la hechicera el niño apareció y lloraba con fuerza, estaba sano, era fuerte.

Mary lo cogió entre sus brazos y lloró de la emoción, recordó a Drog, el padre.

"Si él te viera", pensó.

Se durmió con él entre sus brazos, estaba tranquila, feliz.

CAPÍTULO 37

EL NACIMIENTO

Susana había olvidado por completo sus dolencias, era tan bonito, en verdad era un niño mágico.

Aunque había nacido prematuro, no tenía ningún síntoma de estar débil ni tener ningún problema. Estaba claro, él era un ser superior, no hubiera salido si no con vida de la situación.

Se lo quitaron de los brazos de Mary, tenía que descansar, estaba muy débil, pero se recuperaría en pocos días. Tenía que dormir, necesitaban que estuviera dormida.

Sí, los acontecimientos se habían precipitado. Greg había sido avisado, pero tardaría unos días en llegar, no estaba cerca del enlace, él sabía el camino correcto y llegaba con menos tiempo, pero aun así necesitaba unos días.

Mary no podía despertar hasta entonces.

—Mantenla dormida, será más fácil, déjala que se relaje y que descanse le hará bien. Tiene que estar fuerte, le espera un viaje duro, todavía le toca sufrir, su cuerpo debe estar fuerte.

»La mente la trabajaremos durante el viaje, la fortaleceremos en cuerpo y alma, será una reina digna de nuestro mundo.

Dormida como estaba, la hechicera le preguntaba, necesitaba respuestas, ella sabía la manera de hacerla hablar, de que contestara, y se metía en sus sueños. La ayudaba con su bebé, lo alimentaba, quería saber cómo se llamaría, le pregunto pues:

—Mary, tú sabes que tu hijo va a ser rey de reyes, necesitará un nombre poderoso, seguro que en tus sueños lo has visto, dime pues cómo se llamará tu hijo.

Claro que lo había visto, varias veces, sabía además su significado.

—Se llamará KUN.

"De la tierra procede su fuerza, del cielo su paz mental.

Tierra y cielo se unen trayendo paz y felicidad.

La energía matriarcal le alimentará".

Quedó dicho, pues, y así se llamaría.

Kun hijo de Drog, rey de reyes.

Tan rápido como pudo, llegó Greg a la cabaña. No solía acercarse tanto a la civilización, pero era necesario, como la vez que dejó a Susana al cuidado de los que serían su nueva familia.

Estaban la hechicera, Susana y Mary, ella seguía sumida en un dulce sueño provocado por unas hierbas inofensivas que la anciana le había dado.

Susana no sabía nada de lo que allí iba pasando, ella se ocupaba del bebé y cuidaba de Mary. Todo era tan normal para ella, pero al ver entrar a Greg por la puerta, sintió una mezcla de emociones, alegría al verlo, seguía enamorada de él, siempre lo estuvo, pero al mismo tiempo se alarmó.

¿Qué hacía él aquí? No lo habían visto en mucho tiempo, algo pasaba, algo malo sucedía, tenían que explicarle.

Él se lo vio en la cara,

—Susana, tranquila, te lo explico, debes entender y debes facilitar las cosas para que todo fluya como debe. Las cosas volverán a su sitio, donde deben estar.

No entendía muy bien, tenía que calmarse.

—Explícame, Greg, ¿qué hay que hacer? Sé que estás aquí por algo importante, si no, no vendrías, ¿qué pasará con nosotras y nuestro nieto?

Él habló.

—Bien sabes, como has visto en sueños, quiénes sois. Procedéis de un gran linaje, el cual debe continuar, hemos trabajado muchos años para que esto sucediera y todo volviera a su sitio, para que pudierais regresar a vuestra tierra a ocupar el lugar que os pertenece. Debemos pues partir a un Mundo Nuevo, regresaremos juntos los tres.

—¿Los tres?, será los cuatro. Somos cuatro, no te olvides de tu nieto —le dijo ella medio en broma.

Él estaba serio, sabía la gravedad del asunto.

—No, Saro, le gustaba más su nombre real, además pronto sería Saro para todos, no me olvido de él, no podría hacerlo, Marcará un antes y un después en nuestro mundo.

Se sentía perdida, él iba esquivando decirle la realidad de lo que tenían pensado, se alteró un poco y lo achuchó suavemente.

—Dime, Greg, dime la verdad, ¿qué me estás ocultando?

Un silencio inundó la habitación, la hechicera no decía nada, esperaba la orden sentada, tranquila.

—Partiremos a un mundo nuevo, bien sé que así lo deseas, aquí no hay nada para vosotras, partiremos de inmediato tú yo y Kun. Mary no vendrá, ella tiene que profundizar, crecer, hacerse grande, es la manera, créeme.

No, no podía ser, Mary tenía que partir con ellas, ¿qué hacía aquí sola?, estaría desamparada, ¿cómo podía ella marcharse sin su hija? No, no lo haría.

—No voy sin ella, Greg, me quedo aquí, estaré a su lado.

Costaba de convencer.

—Saro, sin ti no aceptarán a Kun, tú eres la prueba de que es de nuestra sangre. Todos tenemos una misión aquí y la tuya es acompañarnos y dejar a Mary que crezca sola, ella lo entenderá, tarde o temprano, no te lo reprochará. Algún día te agradecerá que estés al lado de su hijo, Kun también te necesita.

Era todo tan complicado, por una parte, él tenía razón, deseaba volver a su tierra, lo había decidido, pero no sin su hija.

Y estaba su nieto, debía estar con él, quería verlo crecer.

—No hay tiempo para pensar, debemos partir, Saro, no tienes opción.

La cogió de las manos y, mirándola profundamente a los ojos, le dijo.

—Confía en mí.

Y supo que todo estaría bien, que así debía de ser, con mucho dolor se despidió de ella y le dijo:

—Nos volveremos a ver.

Y, con un beso, dejó a Mary y a su pueblo, todo quedo atrás.

No quería ni pensar qué pensaría ella al despertar, alguien tendría que explicarle.

Se había quedado la anciana con ella, estaría solo unos días más, lo justo para que despertara y supiera qué camino debía seguir, su misión, después ella marcharía con los suyos.

Triste despedida la de Susana, triste reencuentro con Greg, triste al ver a su nieto ahora lejos de su madre.

Por el río vino, por el río se fue, dejando atrás lo que más quería en su vida.

Todo por la esperanza de un mundo nuevo.

CAPÍTULO 38

EL DOLOR DE LO AMARGO

La sombra de su padre se había hecho realidad frente a él, era un muerto viviente con sed de venganza y venía a por él, por más que disparaba sus balas, no le hacían ningún mal, era inmortal.

Estaba aterrado, sabía que era su final, enloqueció, ahora sí. Su mente no pudo tolerarlo, era terror, pánico, lo que tenía por aquella figura que se le había aparecido. Se adentró en los bosques de aquella tierra y allí, entre las malezas, sucio y famélico se escondía John el tabernero.

Nadie sabía de él, a nadie le importaba.

Y cada anochecer se cubría el bosque de esa niebla espesa y de ella aparecía una y otra vez, día tras día, la figura de su padre muerto acechándole, dormido o despierto, era algo agotador insoportable, lo habían vencido.

—Vivirás, pues, con el dolor de lo amargo.

Se cumplía así la segunda profecía, pero nada había terminado.

Pasaron dos días, tal como dijo la hechicera, Mary despertó de su largo adormecimiento involuntario.

Preguntó por su hijo nada más abrir los ojos.

—Tráelo, quiero verlo, déjalo en mis brazos, necesito sentirlo.

La mujer cogió una silla y se sentó a su lado y le contó detalladamente lo allí ocurrido.

Mary no podía entender. Mi hijo, mi madre, un Mundo Nuevo. Demasiadas cosas para ella.

Y ahora estaba sola, ¿con qué fin?, ¿qué hacía ella ahí sola sin su hijo? Ella lo amaba.

—Por el amor que dices que tienes a tu hijo, por ese amor vas a reaccionar, te levantarás y marcarás tú tu destino. Tienes que buscar la entrada al Mundo Nuevo, ese tiene que ser ahora tu objetivo, busca la entrada, crece y aprende por el camino y, cuando allí llegues, las puertas del enlace se abrirán a tus pies, entrarás por ella como la reina AIDIL, ese será tu nombre.

»Portadora de esperanza, corazón libre, entregada a los demás, crecimiento absoluto.

»Esa vas a ser tú, deja ahora de lamentarte y prepara tu marcha. Tu camino será largo y difícil, debes hacerlo sola, espera dos días y reacciona. Yo debo marchar ya. Nos veremos, si así tú lo deseas, en un Mundo Nuevo. Tu hijo, tu madre y Drog esperan por ti.

Y así, sin una palabra más, se marchó y la dejó sola en la cabaña, no podía casi moverse, tenía que pensar.

—Piensa, Mary, decide, céntrate.

Había sido todo muy rápido, se había dormido y al despertar todo había cambiado de repente, su vida ahora era

otra. Eso sí, tenía un propósito, por primera vez en su vida tenía un propósito.

No tenía duda, quería reunirse con ellos, tenía que hacerlo.

Se repondría, debía emprender un viaje, tenía que prepararse.

Basta ya de soñar, era hora de ir a por los sueños.

Preparó sus cosas y, tal como dijo la anciana, partió a los dos días, llevaba algo de comida, tampoco sabía lo largo que sería el viaje. Sería duro, eso sí se lo había dicho la hechicera, tenía que ser fuerte por su familia.

Se encaminó hacia el río, el río sería el punto de partida. Cruzó un pequeño bosque y, estando en él, escucho un ruido, se sobresaltó. De entre la maleza salió un hombre endiablado, estaba poseído, seguro era el diablo, se acercó a ella corriendo y se abalanzó a Mary. A ella le cayeron todas sus cosas desparramadas en el suelo. Esa mirada… sin duda la conocía, en medio de su locura, lo había reconocido, era John. Se había olvidado de él por completo. Quería matarla y estaba decidido. Ya no había nada que lo frenara. La tenía atrapada, inmóvil, hacía mucha fuerza sobre ella, iba a estrangularla.

Ella se revolvió, giro la cabeza y vio en el suelo un pequeño cuchillo que había traído consigo. Alargó la mano con mucha dificultad y en el forcejeo se deslizó un poco y logró cogerlo. Fue inmediato, un golpe seco, se lo clavó en el estómago.

Inmediatamente se lo aparto de encima y se levantó en un suspiro. Él se retorcía de dolor, tiraba sangre por la boca, pero no estaba muerto.

El cielo se hizo otra vez gris oscuro y una niebla invadió el bosque.

Truenos y relámpagos empezaron a sonar, parecía el fin del mundo, se abrían las puertas del infierno. Aparecía, pues, una sombra que, arrastras, se llevó al tabernero. Y, él, entre dolores y lamentos, tuvo tiempo de alzar la cabeza y, mirando a Mary fijamente, le dijo:

—¡Volveré del infierno a por ti!

Tus días serán largos, esa era la tercera profecía.

A Mary se le erizó la piel, sabía que sería capaz, volvería.

De este modo empezaba, pues, la nueva vida de Mary y el viaje hacia sus sueños.

Cerraba puertas de bronce para ir en busca de puertas doradas. Se cerraba un ciclo y empezaba otro.

AHORA SÍ, ESTE ES EL CAMINO A UN MUNDO NUEVO…

Allí te espero.

La continuidad de *Cantares a la libertad* es *Un mundo nuevo.*

En *Un mundo nuevo* la protagonista se reencuentra con ella misma y descubre la fuerza interior que todos llevamos dentro.

Una historia de ficción que bien podría servirnos a todos para descubrir nuestras valías.

Te espero en Un Mundo Nuevo, escrito para ti desde el corazón.

LAIN, LA VOZ DE TU ALMA

El día que conocí a Lain fue sin duda mi renacer.

En uno de los peores momentos de mi vida, cayó un ángel del cielo, ese ángel se llama Lain.

LA VOZ DE TU ALMA despertó en mí algo que ni yo misma sabía que estaba ahí.

La primera vez que sentí de verdad ganas de decir "gracias por la vida", fue después de asistir a un evento suyo. En mi vida he vivido una experiencia igual, es IMPRESIONANTE.

Gracias a él mi camino por la vida es ahora de felicidad.

Gracias a él ahora sé que hay una vida mejor para todos.

Gracias a él me he descubierto a mí misma y lo que valgo.

Gracias, Lain, por cruzarte en mi vida, eres mi maestro, mi mentor.

DESCÚBRELO EN www.laingarciacalvo.com.

PUEDES ENCONTRARME EN:

 Lidia Vives Ripoll

 lidiavivesoficial

 @LidiaVives8888

 Lidia vives

www.ingramcontent.com/pod-product-compliance
Lightning Source LLC
LaVergne TN
LVHW092353170726